「ビッグデータ」と「経済理論」で
ガールズグループを解明！

K-POP経済学

［目次］

Part 1　ガールズグループ市場についての理解と競争戦略

1. ガールズグループでも上位20%がすべてを占める
   - パレートの法則 ……………………………………………… 6

2. バンド型ガールズグループQWERの輝かしい成功
   - ポジショニング戦略 ……………………………………… 13

3. TWICEジヒョがサビを担当する合理的な選択
   - 比較優位の法則 …………………………………………… 25

4. 「ETA」のような歌詞を書いてみよう
   - ジップの法則 ……………………………………………… 32

5. ガールズグループがダンス曲を歌う理由
   - ホテリングモデル ………………………………………… 39

6. IVEに乗り換えた理由
   - 限界効用逓減の法則 ……………………………………… 48

Part 2　経営および投資戦略

7. 視聴率1%の歌番組を無視できない理由
   - バフェット効果 …………………………………………… 58

8. デビュー9年目のWJSNの生存
   - 埋没費用 …………………………………………………… 70

9. 『プロデュース48』の選択
   - 機会費用 …………………………………………………… 78

10. 少女時代がメンバーを補充しなかった理由
    - メニューコスト ………………………………………… 86

Part 3　行動経済学と大衆の意思決定

11. 第3世代ガールズグループはなぜ9人以上なのか
    – リンゲルマン効果 ………………………………………… 98

12. 101人少女たちの競争
    – ナマズ効果 …………………………………………………115

13. いつデビュー（カムバック）すべきか
    – ナッシュ均衡 ………………………………………………125

14. 『プロデュース48』に熱狂した理由
    – イケア効果 …………………………………………………135

15. IZ*ONEは最適の組み合わせだったのか
    – クラウドソーシング ………………………………………140

16. ボーイズグループよりガールズグループの曲が
    知られている理由 – アイデンティティ経済学 …………146

Part 4　経済的波及効果とグローバル市場

17. お金がなくても YouTube がある
    – 反共有地のパラドックス …………………………………160

18. ツウィ事件と両岸問題
    – バタフライ効果 ……………………………………………166

19. 国防部が生み出した Brave Girls の奇跡
    – 外部効果 ……………………………………………………175

20. トリクルダウン効果を期待した Miss A と
    ファウンテン効果で成功した TWICE ……………………182

21. ガールズグループ7年目のジンクス
　　-ビッグマック指数とポートフォリオ ……………………192

22. なぜ乃木坂46はBLACKPINKを超えられないのか
　　-ガラパゴス症候群 ……………………………………205

あとがき ……………………………………………………… 215

Part1
ガールズグループ市場についての理解と競争戦略

Chapter 1

ガールズグループでも 上位 20%がすべてを占める

パレートの法則

I-I. パレートの法則 (Pareto's Law)

パレートの法則は、イタリアの経済学者ヴィルフレッド・パレート（Vilfredo Pareto）が「イタリア人口の20%がイタリア全体の富の80%を持っている」と主張し、不平等な経済構造を説明するために導入した概念である。

「上位20%が全体の生産の80%を行う」あるいは「全体の結果の80%が全体の原因の20%から生まれる」という意味で活用されるパレートの法則は、一般的な社会現象を説明する際にもよく使われる。

例えば、プロ野球リーグ全体の年俸の80%を上位20%の選手が受け取っているとか、スマートフォンに保存されている連絡先のうち、実際に連絡を取り合う人は20%に過ぎない、という

ようなことだ。

「上位20％が市場全体の80％を占めるというパレートの法則が最もよく当てはまるのが、デパートだ。一度に数百万円、あるいは数千万円単位で製品を購入する『大口顧客』を引き寄せるために、デパートはVIPに対し、高級ブランドの新作を最初にお披露目するイベントやヨットツアーの参加機会を提供するのはもちろん、将来的に顧客になる可能性の高いVIPの子どもたちまでをターゲットにした様々な制度を運営している。

ロッテ百貨店には7つのランクからなる優良顧客（MVG）制度がある。購入額の基準により、年間40万〜80万円の顧客には最も低いランクである『VIP』、1千万円以上の場合には『レニス』ランクが付与される」（韓国メディア、2021年5月28日）

I-2. ガールズグループが成功する確率

2021年、韓国ではIVEをはじめとする20のガールズグループがデビューした。毎年、次々とガールズグループが誕生する理由は何だろうか？　ある芸能事務所の関係者はこう語った。

「ガールズグループとして成功する確率は本当に低いです。でも、なぜ毎年こんなにデビューするのかって？　成功すれば投資したお金の100倍も回収できるからですよ」

| Chapter 1 |

　最近話題のNewJeansを見てみよう。デビューと同時にトップスターとなったNewJeansは、2か月で音源およびアルバムの売上で損益分岐点を超え、メンバーたちはガールズグループ史上最速で清算（事務所から報酬を得ること）を受けたとされている。

　NewJeansの所属事務所ADORの事業報告書によると、2023年の売上は110億円、営業利益は33億円を記録した。

　ADORに所属する唯一のグループであるNewJeansは、26億円の清算を受けたと推定される。

　ADORが2022年に資本金16億円で設立された会社であることを考えると、驚異的な成果だ。

　NewJeansのメンバーの平均年齢が10代であり、彼女たちが10年以上活動できる可能性があることを考えれば、「100倍回収」という言及は必ずしも誇張ではないだろう。

　最近、ADORとHYBE間の経営権問題が浮上する前まで、業界ではADORの今年の売上が前年に比べて3倍以上増加すると予想されていたほどだ。

　しかし、当然のことながら、ガールズグループが新しくローンチされても、すべてがNewJeansのように成功するわけではない。

　少女時代、Wonder Girls、KARAがデビューし、ガールズグループ第2世代の幕を開けた2007年から現在までにデビューしたガールズグループは、合計376チームにのぼる。

〈表 I-I〉2014～2023年にデビューしたガールズグループ（一部抜粋）

2014	2015	2016	2017	2018	2019	2020	2021	2022	2023
MAMAMOO	TWICE	WJSN (Cosmic Girls)	Bonus Baby	IZ*ONE	Cherry Bullet	cignature	IVE	Kepler	tripleS
Red Velvet	GFRIEND	I.O.I	Dreamcatcher	(G) I-DLE	ITZY	Episode	PIXY	H1-KEY	MAVE:
Lovelyz	APRIL	Gugudan	H.U.B	GIRLKIND	Pink Lady	CRAXY	MAJORS	Rocking Doll	LIMELIGHT
Aila	SONAMOO	BLACKPINK	PRISTIN	fromis_9	EVERGLOW	ICU	PURPLE KISS	GOT the Beat	PRIMROSE
Sunny Hill	Luluz	BABA	B-Side	AGM	Hot Place	KIMBO	Minimani	VIVIZ	X
Pungdeng-E	Rubber Soul	Matilda	Hint	Tweety	BVNDIT	woo!ah!	LIGHTSUM	NMIXX	ADYA
Lip Service	SUS4	Saida	Chic Angel	GBGB	Holiday	Secret Number	Skyle	ILY:1	KISS OF LIFE
Bebop	CLC	Mercury	S.E.T	I.I	3YE (Third Eye)	Chik&Idle	Rumble-G	LE SSERAFIM	EL7Z UP
MOA	The Ark	CoCoSori	ELRIS	VIVA	Deux Jumeaux	Makamaka	H1-KEY	IRRIS	LUSSEMBOURG
ONEPIECE	Oh My Girl	Blah Blah	G-reysh	KHAN	High School	Floria	Fase Girls	NewJeans	YOUNG POSSE
Melody Day	Kiwi Band	MIXX	Marmello	My Darling	PURPLEBECK	BOTOPASS	Pretty G	CSR	NiziU
Grade Class	Cupid	Sol-T	LOONA	NeonPunch	Lusty	QUBIX	ICHILLIN'	Girl's World	8TURN
Wings	Baby Boo	Aisle	Favorite	Saturday	Rocket Punch	BLACKSWAN	Beauty Box	WINNER	PUZZLE
SCARLET	Awesome Baby	O2I	Live High	I2DAL	Violeta	STAYC	Billlie	mimiirose	Stardays
Billion	Yasha	A.De	Lime Soda	Yellow Bee	ANS	aespa	TRI.BE	Queenz Eye	FIFTY FIFTY
badkiz	Playback	Various	P.O.P	Nature	ARIAZ	2NINE	LiLiLi	ARTBEAT	BANATY
Baby	As One	Unnies	Weki Meki	WeGirls	HINAPIA	PRISMA	Pastel Girks	FIFTY FIFTY	Jenny Fairy
Berry Good	LoveUs	CIVA	Hash Tag	GWSN		Weeekly	Azzure	PAINTY	QWER
Smile.G	WANNA.B	I.B.I	Hey Girls	PURPLE			Perwinkle Blue	Solaire Diamant	MAYREEZ
Ye-A	10×10	HighTeen	Blah Blah	Rose Finger			Lipimoon	Aeride	BABYSS
A.KOR	MyB	Obliss	AVERY	ShaFLA			Isegye Idol	Solaire Comet	
TOP.IC	Unicorn	Bulldok	Busters	Thalia				VIVIZ	
LABOUM	Jjarimongttang	MOMOLAND	Holics	Pink Fantasy				CLASS	
4TEN	DIA	HeyMiss	Good Day					Lapillus	
P.O.P	A-CE	Dorothy	Girl's Alert						
MyB	HOTTIES	Supa	High Cute						
MINX	DAY Girls	Switch Berry	Peter Pan						
Strawberry Milk	ICE	New A	Sunny Play						
Purfles	Yeoja Yeoja	Iren	Berry Chu						
D.Holic	Hesse	Rose Berry	S2						
A.De	Pocket Girls	Merit	LAMISU						
Berry Peach	Bambino	Heart	ELRADO						
Girls' Generation	Bibi Diva		LipBubble						
Little Mouse	Highty		Apple.B						
Kiss&Cry	ATT		SIS						
Pritz	PPL								
Short Hair	LAYSHA								
Bunny Girl	Vitamin Angel								

Chapter 1

　過去10年間でも250以上のガールズグループがデビューして
いる〈表1-1〉。毎年20チーム以上がデビューしている中で、
大衆の記憶に長く残るグループはどれくらいだろうか。

　過去17年間にデビューした376のガールズグループのリスト
を調べてみた。
　少女時代、TWICE、BLACKPINK、NewJeansなど大ヒットを
記録したガールズグループから、Rocket Punch、PRISTIN、
LABOUMなど、名前を聞けば思い出すことができるグループに
限れば、すべてを合わせても60チームに満たない。
　にもかかわらず2014年にはなんと38のガールズグループが
新たにデビューした。まさに「ガールラッシュ（ガールズグル
ープ＋ゴールドラッシュ）」の時代だった。

　この年にデビューしたガールズグループの中で印象的な成果
を収めたチームは、MAMAMOO、Red Velvet、Lovelyzだろう。
　この原稿を読んでいる多くの読者は、同じ年にデビューした
ONE PIECEやPungdeng-E、SCARLET、Berry Goodといったガー
ルズグループのことを知らないかもしれない。パレートの法則
（Pareto's Law）は、ガールズグループ市場にも適用されるとい
うことだ。

　次ページの棒グラフは、各グループが音楽ストリーミング配
信サービス「Melon」のチャートにランクインした回数で、曲

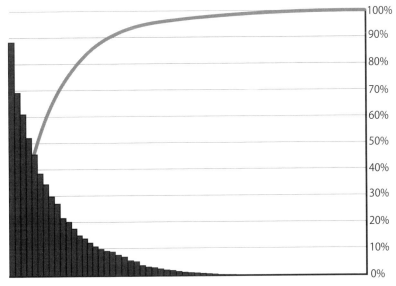

〈図1-1〉音楽ストリーミング配信サービス「Melon」で見られるパレートの法則

線のグラフは1位からのチャート累積占有率を示している。
　Melonチャートにランクインしたガールズグループのうち、上位20％が全体のランクイン回数の80％以上を占めている。

　このグラフは376のガールズグループのうち、Melonチャートに有意義にランクインしたことのある194のグループを抽出したものだ。
　少女時代が最も多く596回、TWICEが594回ランクインしており、IZ*ONE、STAYC、I.O.I（ともに122回）、Sunny Hill（121回）まで、合計34のガールズグループが全体の累積ランクイン回数の80％を占めている。

194のガールズグループのうち34グループ（17.5％）が80％
を占めており、パレートの法則よりもさらに極端な「富の集中」
現象が明らかだ。

チャートにランクインしたことのないグループまで含めると、
9％（34/376）となり、状況はさらに顕著だ。

これは、ガールズグループがデビュー後に成功する可能性を
如実に示しているのかもしれない。

Chapter 2

バンド型ガールズグループ QWER の輝かしい成功

ポジショニング戦略

2-1. ポジショニング(Positioning)の重要性

　ポジショニングは、製品やブランドが市場内でどのように認識されるかを定義する戦略的プロセスだ。

　ハーバード大学のマイケル・ポーター（Michael Porter）教授はこの概念を経営学に導入し、企業が競合相手と差別化する際にポジショニングで失敗すれば生き残ることができないと強調した。

　これは「目立たなければ生き残れない」というメッセージを伝える。

　また、スタンフォード大学のブレイク・マスターズ（Blake Masters）教授は「他者が真似できない独特のポジショニングで独占的環境を作り出すべきだ」と強調している。

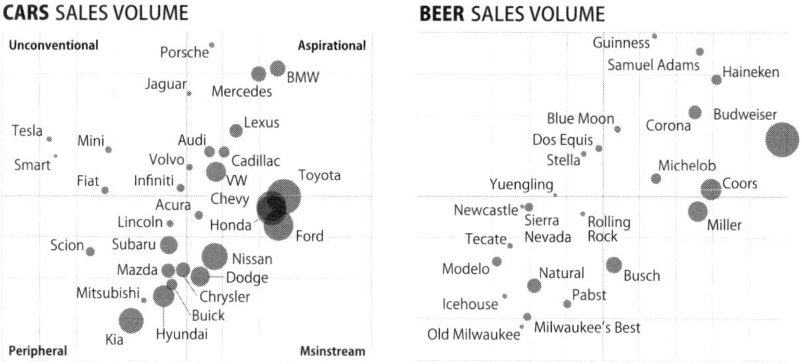

CARS SALES VOLUME

Unconventional — Porsche — Aspirational

Jaguar — BMW — Mercedes

Tesla — Mini — Lexus

Smart — Audi — Volvo — Cadillac

Fiat — Infiniti — VW — Toyota

Acura — Chevy

Lincoln — Honda — Ford

Scion — Subaru

Mazda — Nissan

Mitsubishi — Dodge — Chrysler

Kia — Buick — Hyundai

Peripheral — Mainstream

BEER SALES VOLUME

Guinness

Samuel Adams — Haineken

Blue Moon — Corona — Budweiser

Dos Equis — Stella — Michelob

Yuengling — Coors

Newcastle — Sierra — Rolling — Miller

Tecate — Nevada — Rock

Modelo — Natural — Busch

Icehouse — Pabst

Old Milwaukee — Milwaukee's Best

〈図2-1〉よく使われるポジショニングマップ「C-D MAPS」でみた米国自動車・ビール市場
(出典：Harvard Business Review)

　激しいピザブランドの競争の中で「配達時間の厳守」を掲げて有名になったドミノピザ、電気自動車で勝負をかけて成功したテスラも、他とは異なるポジショニングで業界のリーダーとなった事例だ。

　ポジショニングは、消費者に特定のイメージや価値を伝えるものであり、市場での競争力を決定する重要な要素となる。

　企業やブランドが明確なポジショニングをとっていないと、消費者に忘れられてしまうリスクが高まる。

　効果的なポジショニングは、消費者の認識を形成し、ブランド忠誠度を高め、販売促進に寄与する。

2-2. 成功的なポジショニング

2-2-1. K-POPにおけるポジショニング

　K-POPで成功したポジショニングの例として、K-POPの独特

な特徴である「カルグンム（完璧なシンクロダンス）」が挙げられる。

　ところで、世界中の人々が初めてK-POPに魅了された理由は何だったのだろうか。

　韓国人には少し意外かもしれないが、海外の音楽評論家が挙げるのはメロディーや歌詞ではなく、切れ味抜群のダンスである。

　アイドルグループのメンバーが軍隊の訓練のように乱れなく完璧に揃ったダンスを披露するステージパフォーマンスだ。

　それに加え、その激しい動きの中で歌をこなす姿も重要な要素である。

　つまり、K-POPは「聴く音楽」ではなく「見る音楽」というポジショニングを確立することにより、世界市場で成功を収めたのである。

2-2-2. レトロを前面に出したNewJeansの成功

　最近、40〜50代の男性がSNSに競ってガールズグループNewJeansの動画や記事を投稿するという現象が起きた。

　その中心にはNewJeansの東京コンサートでハニが歌った『青い珊瑚礁』があった。この曲は、1980年代の日本を代表するスターである松田聖子のヒット曲である。

　NewJeansがあえてその曲を選んだ理由は、彼女たちのコンセプトがレトロとニュートロであることとよく合っていたからだ。

　K-POPガールズグループの系譜は、大きく「清純派」と「ガ

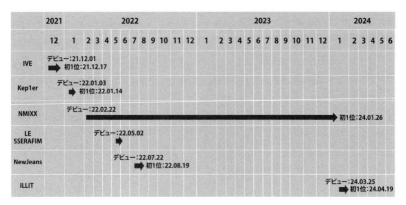

〈図2-2〉2022年以降にデビューした主要ガールズグループおよび1位候補の時期
1位は地上波3社（KBS、SBS、MBC）の音楽番組での1位を基準とする。

ールクラッシュ派」に分かれる。

　第2〜3世代の間は、少女時代、Apink、TWICEなど、清純で可愛らしいイメージを強調したグループが主流だった。

　しかし、2020年前後に世界的にPC（ポリティカル・コレクトネス）の波が広がり、K-POPにも変化が訪れた。

　男性の視線を意識した可愛らしいイメージの代わりに、力強い女性像（ガールクラッシュ）が注目され始めた。

　この流れを巧みに活用したのがBLACKPINKである。

　BLACKPINKの成功のおかげで、以降に登場したガールズグループもガールクラッシュを前面に出したスタイルが主流となった。

　しかし、NewJeansはこの流れに逆行し、清純で爽やかなイメージを打ち出した。

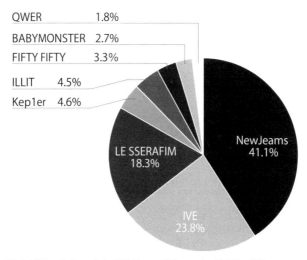

〈図2-3〉2022年以降にデビューした主要ガールズグループの言及量の割合

それぞれ異なるコンセプトの3つのグループが大半を占める。
□ IVE: 大衆性、バラエティ
□ LE SSERAFIM: ガールクラッシュ
□ NewJeans: レトロ、ローテンション、Z世代
(出典: Sometrend, 2022-2024.06.30)

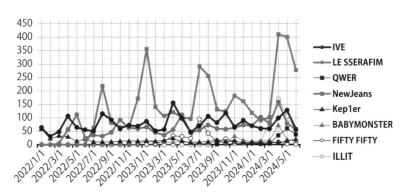

〈図2-4〉2022年以降にデビューした主要ガールズグループの言及推移

NewJeansはガールクラッシュが主流だった2022年のガールズグループ市場に変革をもたらした。レトロ、イージーリスニング、ローテンション、清純さを前面に押し出し、新たなコンセプトに挑戦した。(出典: Sometrend, 2022-2024.06.30)

カセットテープやビデオレコーダーのような小道具を活用し、20〜30代には新しい「清純少女」の登場を告げ、40代以上には「昔片思いしていた女子学生」を思い起こさせた。

長い間無視されていた市場が熱狂的に反応した理由がそれだ。

NewJeansが40代以上の男性ファンダムを強く形成したのも、この背景によるものである。

NewJeansのデビュー後、HYBEの株価はわずか3か月で1万円台から3万円台に急騰した。

NewJeansも第4世代ガールズグループの中で適切なポジショニングを取ったと言える。

もしNewJeansが（G）I-DLEやLE SSERAFIM、aespaのように強い女性像を前面に押し出していたら、差別化は難しかっただろう。

このように、ガールズグループをローンチする前に最も重要な悩みの一つは、どのようなコンセプトで押し進めるかだ。

非常に多くのガールズグループが競争しているため、明確なコンセプトを持たずにデビューすると、ありふれたグループとして通り過ぎてしまう。

デビュー当初に大衆に明確なイメージを与える必要があるのだ。

2-2-3. バンド型ガールズグループ QWER の輝かしい成功

「QWERが1位候補だって？」

4人組ガールズグループQWERが2024年5月にMBC（韓国文化放送）の歌番組で1位候補（ノミネート）にまで上り詰めた時、多くの人が「意外だ」と反応した。

彼女たちは1人のYouTuberが作ったプロジェクトで誕生したグループであり、地上波TVや音楽専門チャンネルでまともな放送活動をしていなかったからだ。

一般的なガールズグループは、企画会社で何年もの練習生期間やプロデュースを経てデビューするが、QWERは全く異なっていた。

もっと率直に言えば、「遊び半分」で出てきたグループに近い存在だった。

放送活動を疎かにしながらも、地上波TVの音楽番組で1位を争ったのも、ガールズグループ史上QWERが初めてだった。

さらに驚くべきは、QWERがデビューした2023年が非常に競争の激しい年だったという点だ。

大手事務所から第4世代のガールズグループが続々と登場していた時期だった。

1年前の2022年、HYBEからはNewJeansとLE SSERAFIMが、

Chapter 2

JYP エンターテインメント（以下、JYP）からは NMIXX がデビューしていた。

さらに、中小企画会社のガールズグループでありながら米国ビルボードで成功を収め、歌謡界のシンデレラとなった FIFTY FIFTY や Kep1er もいた。

このような強力な競争の中で、QWER はどのようにして1位争いにまで上り詰めたのだろうか。

QWER には、従来のガールズグループと比較していくつかの差別化ポイントがあった。

まず第一に、彼女たちは「ガールズバンド」というコンセプトを打ち出したことだ。

清純なイメージやガールクラッシュを前面に出す既存の K-POP ガールズグループは、主にボーカル、ダンス、ラップで構成されていたが、QWER はダンスとラップを大胆に捨て、楽器を持って登場したのだ。

まるで日本の TV ドラマに登場するような制服を着た可愛い女の子たちが、学校の屋上でギターやベース、ドラムを演奏しながら爽やかなパフォーマンスを披露すると、男性たちから熱狂的な反応があった。

というのも、最近の K-POP ガールズグループ市場は PC（ポリティカル・コレクトネス）主義の影響を受け、女性ファンダムを意識するケースが多く、美しく可愛らしい女性よりも、強くてかっこいい女性像を前面に出し、女性ファンダムの拡大に

注力していた。

　そこには、女性はお金を使いやすいという点も影響していた。

　しかし、QWERはこの状況の中で、あえてこれまで無視されてきた男性ファンを正面から狙い、成功を収めた。

　第二に、彼女たちはゲームから多くの要素を取り入れている点だ。

　彼女たちのチーム名「QWER」は、ゲーム「League of Legends」でスキルを使用する際に使うキーボード配列に由来している。

　彼女たちの曲「Discord」も、オンラインゲームをする人々がよく使うメッセンジャーアプリの名前だ。

　一般的にゲーム文化は女性よりも男性に支持されている。

　第三の差別化ポイントは、彼女たちが従来の企画会社のシステムではなく、YouTubeの個人チャンネルを基盤に結成されたことだ。

　QWERは有名なYouTuberが主催する『最愛の子どもたち』プロジェクトによって結成された。

　男性たちの熱烈な支持のおかげか、彼女たちは最近、軍隊向けのステージにも多く招かれている。

　数年前から兵士たちが携帯電話を使用できるようになったことで、彼らの支持は歌謡界で順位を決定する際に無視できない要素になっている。

Chapter 2

2-3. ポジショニングの光と影

　では、ポジショニングは万能薬なのだろうか。差別化された
ポジショニングさえあれば、ガールズグループ業界を席巻でき
るのだろうか。

　必ずしもそうではない。
　2010年にデビューしたNine Musesは、9人の現役モデルを
集めて作られたガールズグループとして大きな話題を集めた。
　背が高く、スリムで美しい女性たちが集まったのだから成功
すると考えられていた。
　しかし、そこまでだった。
　話題性はあったものの、彼女たちはなかなか人気を得ること
ができなかった。

　なぜだろうか。後にNine Musesの関係者に尋ねてみたところ、
「モデルというイメージが強すぎて、彼女たちを真剣に歌手とし
て見てもらえなかった」とのことだった。
　実際にはNine Musesのメンバーの中には歌唱力に優れ、そ
の後ドラマのOST（オリジナル・サウンド・トラック）を歌っ
たメンバーもいた。
　Nine Musesは、間違ったポジショニングによって失敗したケ
ースだ。

22

2012年にデビューしたAOAは、QWERよりも10年も前にガールズグループとして初めてバンドコンセプトを打ち出した。

当時、メンバーのユギョンはガールズグループ初のドラマーだった。しかし結果は芳しくなかった。

デビュー後3年間、ほとんど反響を得られなかったAOAは、「天使＋バンド」のコンセプトを思い切って捨て、セクシーなコンセプトに転換した。

そしてソリョンをセンターにして、美脚を強調したダンスパフォーマンス曲「ミニスカート」で1位を獲得した。

振り返ってみると、7人というAOAのメンバー数は、バンドとして押し通すには人数が多すぎた。

そしてメンバーの技術力も十分とは言えなかった。

ドラマー以外は楽器を真剣に扱っているようには見えず、バンドとして登場するのは不自然だった。

また、仮に彼女たちが当時、楽器を巧みに演奏できていたとしても、成功していたかどうかは不明だ。

バンドというコンセプトは当時、あまりにも早すぎたのだ。

大衆はガールズグループがステージで美しく見せるパフォーマンスに歓声を上げていたのであり、ミュージシャンを見たいとは思っていなかったのだ。

結論として、ポジショニングは単に独自性を追求することではなく、市場環境や消費者のニーズを細かく分析し、自分たちの強みを活かす方法を選ばなければならない。

Chapter 2

〈上：図2-5〉ガールズグループのポジショニング-2020年以前
〈下：図2-6〉ガールズグループのポジショニング-2020年以降

Chapter 3

TWICE ジヒョがサビを担当する合理的な選択

比較優位の法則

3-1. 比較優位の法則 (Theory of Comparative Advantage)

1817年、イギリスの経済学者デビッド・リカード（David Ricardo）は著作『経済学および課税の原理』で「比較優位の法則」を説明した。

この理論は、国家や企業がすべての商品を生産するのではなく、それぞれ得意な分野に集中することが、社会全体に最大の利益をもたらすというものだ。

例えば、日本とタイでスマートフォンと人形を生産すると仮定しよう。

日本では１人の労働者が１日でスマートフォンを10個、人形を５個作ることができるが、タイではスマートフォン２個、人形10個を生産できる。

Chapter 3

　この場合、タイは人形に対して比較優位を持ち、日本はスマートフォンに対して比較優位を持つことになる。

〈表3-1〉労働者1人当たりの生産性

	日本	タイ
スマートフォン	10個	2個
人形	5個	10個

　次に、両国にそれぞれ20人の労働者を投入してみよう。

　もし両国がスマートフォンと人形の工場にそれぞれ10人ずつ割り当てたとすると、日本は1日でスマートフォン100個、人形50個を生産し、タイはスマートフォン20個、人形100個を生産する。

　結果的に、両国が1日で生産できるのはスマートフォン120個、人形150個となる。

〈表3-2〉日本とタイがスマートフォンと人形の生産にそれぞれ10人を投入した場合

	日本	タイ
スマートフォン	100個	20個
人形	50個	100個

　しかし、もし日本とタイがそれぞれ比較優位を持つ製品に集中したらどうなるだろうか。

　つまり、日本はスマートフォンのみ、タイは人形のみを生産するという場合だ。

26

この場合、日本はスマートフォン200個、タイは人形200個を生産することができ、スマートフォンは80個、人形は50個、全体的に多く生産できる。

社会全体として見れば、この方法がより利益をもたらすことになる。

〈表3-3〉日本とタイが比較優位の品目にのみ20人を投入した場合

	日本	タイ
スマートフォン	200個	0個
人形	0個	200個

現代では技術の進歩により、このような比較優位の関係が少しずつ変わってきているが、長い間この図式の中で各国の産業は発展してきた。

今でもフランスではワイン、スイスでは時計、日本では電子製品を購入することが一般的なように感じられるのはそのためだ。

この法則は現代の国家間の貿易だけでなく、企業内での役割分担にも適用できる。

これをK-POPガールズグループに当てはめると、比較優位の法則はメンバーが得意なことに集中するように役割を分担することにつながる。

3-2. TWICEジヒョがサビを担当する理由

K-POPガールズグループを例に挙げてみよう。

TWICEは9人のメンバーで構成されており、各メンバーが全員歌が上手いわけではない。

実際、TWICEのメンバーのうち、歌唱力に優れたメンバーはジヒョ、ナヨン、ジョンヨン程度だ。一方、モモ（平井もも）とミナ（名井南）はダンス、チェヨンはラップ、ツウィはセンター（ビジュアル）、サナ（湊崎紗夏）とダヒョンは芸能番組で活躍している。

彼女らはそれぞれの比較優位に合った役割を担い、チーム内で効率的に貢献している。

TWICEでジヒョは歌唱力に優れているが、ダンスでは比較的競争力が低い。

したがって、ジヒョが歌唱力のレベルを上げるには10日で十分だが、ダンスのレベルを上げるには20日かかると仮定してみよう。

逆に、3歳から大阪のSTEP OUT DANCE STUDIOに通い、小学校3年生の時にBarbieというダンスチームで活動していたモモは、ダンスをレベルアップするのは10日ですむが、歌は20日かかるとしよう。

この時、新曲を発表するステージに立つまでに 40 日ほど与えられたとしよう。
　この場合、あなたが企画会社の代表なら、どのように練習をさせるだろうか？

　比較優位の法則に当てはめてみると、ジヒョには歌、モモにはダンスを練習させたほうが得策だ。
　なぜなら、40 日間でジヒョは歌のレベルを 4 段階上げることができ、モモはダンスにオールインすればやはり 4 段階上げることができるからだ。

〈表 3-4〉ジヒョとモモが 40 日間、それぞれダンスと歌だけを練習する場合

	ジヒョ	モモ
歌	4	0
ダンス	0	4

　もしジヒョとモモがそれぞれ歌とダンスを 20 日ずつ練習すると、ジヒョは歌が 2 段階、ダンスが 1 段階上達し、モモはダンスが 2 段階、歌が 1 段階上達することになる。

〈表 3-5〉ジヒョとモモがそれぞれ 40 日間、ダンスと歌の両方を練習した場合

	ジヒョ	モモ
歌	2	1
ダンス	1	2

Chapter 3

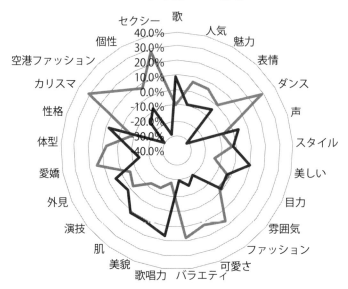

〈図3-1〉ジヒョとモモの比較優位
ジヒョは相対的に歌唱力、モモはダンスに優れている。
(出典: sometrend, 2016-2022)

　この場合両者ともに適度なレベルのボーカルとダンスを得るが、グループ全体には大きな貢献をもたらさない。
　しかし、ジヒョが歌だけを練習し、モモがダンスだけを練習すれば、チーム全体として最高のボーカルと最高のパフォーマンスを得ることができる。

　各メンバーが自分の比較優位に合った役割を果たせば、グループ全体のパフォーマンスが最大化される。

このように、K-POPガールズグループにおいても各メンバーが自分の得意なことに集中して役割を分担することは、比較優位の法則に基づいた効率的な選択だ。

　すべてのメンバーが歌、ダンス、バラエティ番組を完璧にこなす必要はない。

　それぞれが自分の強みを発揮し特化することが、チーム全体の成果を最大化する方法となる。

　TWICEのジヒョがサビを担当し、モモがダンスを担当することは単なる選択ではなく、経済学の原理である「比較優位の法則」を反映した合理的な決定である。

Chapter 4

「ETA」のような歌詞を書いてみよう

ジップの法則

4-1. ジップの法則

　昔、シェイクスピアがタイムスリップして現代にやってきたら物語を書くのは難しいだろう、という話を聞いたことがある。

　その理由は、シェイクスピアが使った英単語の総数は約25,000語であり、これは現代の人々が使う単語の半分程度だからだ。

　さらに、シェイクスピアの作品で使われた単語のうち12,000語は1回しか使われておらず、実際に彼が使っていたといえる単語は約13,000語に過ぎない。

　この現象はシェイクスピアに限らず、どの本でも頻繁に使われる単語はそれほど多くない。

アメリカの言語学者ジョージ・キングズリー・ジップ（George Kingsley Zipf）は、このようなパターンを研究した結果、「単語の使用頻度順位が下がるにつれ、その使用頻度は急激に減少する」という法則を発見した〈図4-1〉。

これを「ジップの法則」と名付けた。

ジップの法則によれば、最も多く使われる単語に比べて、2番目に使われる単語の頻度はその半分、3番目はその1/3…といった具合に使用頻度が減少していく。

日常会話や文章で使われる単語は実際には辞書に載っている単語の5%程度に過ぎず、それだけで会話の80%をカバーできる。

この法則に基づいて、限られた語彙で効率的に学習する英単語勉強法が提案されることも多い。

このように、日常的に使用される単語の範囲は非常に限られており、効率的に言葉を選び出すことが可能だ、というのがジップの法則の本質だ。

ちなみに最も多く使われた単語は冠詞であり、「the」が全体の7%を占めていた。次に多く使われたのは「of」で、約3.5%の使用率だったという。

| Chapter 4

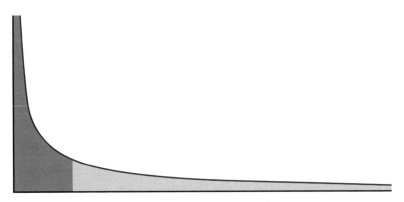

〈図4-1〉ジップの法則の構成（左端には定冠詞theが位置する）

4-2. ガールズグループの曲で
　　最も多く登場する単語は「君」と「私」

　では、ガールズグループの曲ではどのような単語が最も多く使われているのだろうか。

　ジップの法則に着想を得て、実際に2007年以降に発表されたガールズグループの曲で主に登場する単語を調べてみると、下記のような結果が出た。

〈表4-1〉ガールズグループの歌詞によく使われる単語20選

順位	単語	頻度
1	君	5353
2	私	2778
3	私の	2465
4	OH	2455
5	YOU	2101
6	愛	2060
7	言葉	1567
8	ない	1433
9	ME	1408
10	私を	1338

順位	単語	頻度
11	IT	1241
12	心	1223
13	MY	1014
14	LOVE	994
15	君の	946
16	BABY	912
17	あなた	901
18	私たち	855
19	一緒だ	763
20	THE	685

要約すると、代名詞が圧倒的に多かった。

代名詞が多いというのは、英語の単語使用を調査したジップの法則の結果と似ているところがある。

使用頻度においても、２位の単語が１位の単語のちょうど半分であるという点は興味深かった。

全体的な構成も「ジップの法則」で示された「べき関数（Power-law）」の形状から大きく外れることはなかった。

よく使われる単語が確かに存在していたことになる。

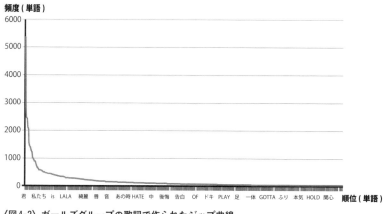

〈図4-2〉ガールズグループの歌詞で作られたジップ曲線

「君/あなた」と「私」という単語が最も多く登場する曲は何だろう。

結果を見た後、すぐに思い浮かんだのはIUの「너랑 나（あなたと私）」だった。

Chapter 4

> 私が先に覗いてきた時間たち
>
> あなたと私が一緒だったの
>
> 私と遊んでくれるあなたが好き
>
> 私が聞いてみるとあなたも好きって
>
> 私の名前はなに
>
> 手の隙間に映る私の気持ちがばれるんじゃないか怖くて
>
> 胸がちょうどいっぱいで悲しくて
>
> 少し我慢して私を待ってて
>
> あなたと私 今はだめ
>
> 時計にもっとせがみたいけれど
>
> あなたがいる未来で
>
> 私の名前を呼んで

4-3. イヤーワーム（earworm）現象

　曲が話題になれば良いこともあるが、受験生にとっては困る場合もあるようだ。

　昨年、韓国のセンター試験を前に、ネットユーザーたちが選んだ「試験禁止曲」が話題になった。

　この曲の歌詞やメロディーが一日中頭の中で鳴り続け、集中力が削がれ、勉強に深刻な支障をきたすというのだ。

　EXIDの「Up & Down」、I.O.Iの「Pick Me」、SHINeeの「Ring

Ding Dong」などが代表として挙げられていた。

　これを学界では「イヤーワーム（Earworm）現象」と呼ぶ。
　まるで耳の中で虫が動き回り、他のことに集中するのが難し
くなるかのように、特定の音が頭にこびりつき、長時間忘れら
れず、実際に音が聞こえなくてもそれが連想される現象だ。

　イギリス・ダラム大学の音楽心理学教授ケリー・ヤクボウス
キー（Kelly Jakubowski）は、このイヤーワーム現象を解明する
ために、3,000人の一般市民を対象に調査を行い、最もイヤー
ワーム現象を強く感じた曲のトップ100を選定した。
　その結果が以下の通りである。

---

1. Bad Romance / Lady Gaga
2. Can't Get You Out Of My Head / Kylie Minogue
3. Don't Stop Believing / Journey
4. Somebody That I Used To Know / Gotye
5. Moves Like Jagger / Maroon 5
6. California Gurls / Katy Perry
7. Bohemian Rhapsody / Queen
8. Alejandro / Lady Gaga
9. Poker Face / Lady Gaga
10. Single Ladies / Beyoncé
10. Rolling in the Deep / Adele

〈表4-2〉「イヤーワーム」トップ10の曲

Chapter 4

　この研究によると、「イヤーワーム」を引き起こす曲には３つの共通点があるという。

　最初の共通点は「テンポ」だ。

　イヤーワーム現象を引き起こす曲は、一般的にテンポが速い。

　これは歯磨きのような反復的な動作が、その曲のテンポと一致しやすいため、メロディーが自然と頭に浮かびやすいからだ。

　次に「シンプルなメロディー」だ。

　音程やリズムがドラマチックに変わる曲よりも、「きらきら星」のように音程が適度に上下し、しかも繰り返されるメロディーが脳に刻まれやすい。

　最後の共通点は「独特な音程の間隔」だ。

　不規則な音程の間隔は音楽に変化を与え、飽きさせないようにする。

　ただし、あまりにも複雑すぎないという条件がある。

　これらの要素によって、自然と口ずさみたくなり、メロディーが頭に浮かびやすくなるのだ。

Chapter 5

ガールズグループが
ダンス曲を歌う理由
ホテリングモデル

5-1. ホテリングモデル

　ホテリングモデルは、立地選択に関する経済学の理論で、競争相手が市場で顧客を獲得するために最適な位置を選択する過程を説明するものだ。

　例えば、バカンスシーズンに100メートルほどのビーチにアイスクリームの屋台を出そうとしている人が2人いたとしよう。

　どこにお店を構えるのが最も儲かるだろうか。

　ビーチに1から10まで番号をつけて考えてみよう〈図5-1〉。

　Aが2番に位置し、Bが4番に位置した場合、Aの販売範囲は最大で1から3番となる一方、Bは少なくとも4から10番までの範囲を確保できる。

　一方、Aが7番、Bが8番に位置した場合、Aは少なくとも

1から7番までの市場を確保でき、Bは市場が8番以降に縮小してしまう。

AとBが互いに顧客を奪い合わずに最大限市場を確保するためには、真ん中の5番や6番に並んで位置するのが損を少なくする方法だ。
これにより、市場をほぼ同じ大きさで分け合うことができるからだ。

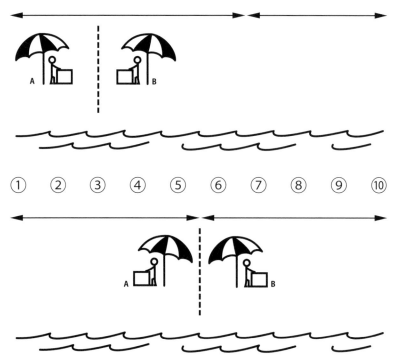

〈図5-1〉ホテリングモデルの概念

つまり、2人の店主は互いに顧客を奪われないようにするために、真ん中に店を構えるのが最も有利だという原理だ。

これは市場での競争が単に商品の質や価格だけでなく、立地によっても決まることがあることを示している。

高級ブランドが「マスマーケット（Mass Market、大衆市場）」に進出するのも、この原理に近い。

特定の顧客層だけをターゲットに物を売ると、最終的には市場から淘汰される可能性が高くなるため、結局はマスマーケットを狙うことになる。

しかし、ホテリングモデルには1つの盲点がある。

それは「中間層の攻略」という立地戦略に重きを置くあまり、製品の多様性を追求せず、似たような製品ばかりが市場に出回る可能性が高いということだ。

これにより、製品やサービスの多様性が低下し、消費者の福利がむしろ減少する可能性がある。

これが「ホテリングの逆説」である。

▌5-2. K-POP ガールズグループとダンスミュージック

K-POPガールズグループが主にダンス曲を歌う理由にも、ホテリングモデルの原理が当てはまる。

ガールズグループはダンスミュージックが世界的に人気が高

Chapter 5

く、幅広い年齢層にアピールしやすいため、このジャンルを選択する傾向が強い。

　ある事務所関係者は「バラードは国ごとの独自の感性に基づいているため、グローバルにはあまり通用しない。しかし、ダンスジャンルは老若男女問わず支持される」と説明している。

　このような背景の中、K-POPガールズグループの楽曲1371曲（2006年から2024年まで）を分析したところ、857曲がダンス曲であり、圧倒的に多かった〈表5-1, 2〉。

　また、ダンス曲がチャートのトップ10に入る確率は32.2％と高く、バラードのチャートイン確率はわずか12.2％に過ぎなかった〈表5-3〉。

　つまり、ガールズグループは、バラードを歌うよりもダンス曲を練習したほうが得策だという話になる。

　1位を獲得する確率もダンス曲（10.0％）が最も高かった。

　結果的に、4世代目に入るとバラードを歌うガールズグループはK-POPから姿を消した。

　ガールズグループがダンス音楽に集中するのは、大衆性を確保するために他ならない。

〈表5-1〉2006〜2015年、ガールズグループが発表した曲のジャンル

	2006〜2009			
No.	アーティスト	デビュー年	主なジャンル	チャート占有率
1	Davichi	2008	バラード	365
2	2NE1	2009	ダンス	323
3	Girls' Generation	2007	ダンス	292
4	Wonder Girls	2007	ダンス	243
5	Brown Eyed Girls	2006	ダンス	242
6	Gavy NJ	2005	バラード	217
7	SeeYa	2006	バラード	203
8	T-ARA	2009	ダンス	185
9	KARA	2007	ダンス	153
10	4Minute	2009	ダンス	152
11	After School	2009	ダンス	113
12	f (x)	2009	ダンス	112
13	Secret	2009	ダンス	109
14	Rainbow	2009	ダンス	58
15	Sunny Hill	2007	ダンス	51
16	Miss $	2008	ダンス	43
17	Black Pearl	2007	R&B／ソウル	31
18	The Grace	2005	ダンス	25
19	BGH4	2006	バラード	24
20	Gavy Queens	2007	バラード	23

	2010〜2015			
No.	アーティスト	デビュー年	主なジャンル	チャート占有率
1	Sistar	2010	ダンス	191
2	Girl's Day	2010	ダンス	136
3	Apink	2011	ダンス	117

4	miss A	2010	ダンス	100
5	Orange Caramel	2010	ダンス	82
6	AOA	2012	ダンス	81
7	EXID	2012	ダンス	64
8	Dal Shabet	2011	ダンス	55
9	Ladies' Code	2013	ダンス	34
10	Red Velvet	2014	ダンス	34
11	Gfriend	2015	ダンス	34
12	Sistar19	2011	ダンス	33
13	Nine Muses	2010	ダンス	30
14	Girls' Generation-TTS	2012	ダンス	30
15	Mamamoo	2014	ダンス	30
16	Crayon Pop	2012	ダンス	28
17	Spica	2012	ダンス	21
18	F-ve Dolls	2011	ダンス	11
19	Brave Girls	2011	ダンス	10
20	After School Red	2011	ダンス	9

〈表5-2〉2016～24年、主要なガールズグループが発表した曲のジャンル

2016-2019				
No.	アーティスト	デビュー年	主なジャンル	チャートイン回数
1	TWICE	2015	ダンス	473
2	BLACKPINK	2016	ダンス	303
3	Mamamoo	2014	ダンス	291
4	Red Velvet	2014	ダンス	281
5	GFRIEND	2015	ダンス	215
6	DAVICHI（ダビチ）	2008	バラード	128
7	I.O.I	2016	ダンス	122

8	AOA	2012	ダンス	78
9	Apink	2011	ダンス	69
10	EXID	2012	ダンス	69
11	(G) I-DLE	2018	ダンス	64
12	MOMOLAND	2016	ダンス	62
13	ITZY	2019	ダンス	59
14	OH MY GIRL	2015	ダンス	50
15	IZ*ONE	2018	ダンス	48
16	LOVELYZ	2014	ダンス	43
17	SISTAR	2010	ダンス	41
18	Unnies	2016	ダンス	33
19	Wonder Girls	2007	ダンス	31
20	少女時代 (GIRLS' GENERATION)	2007	ダンス	20
21	7 go up	2016	ダンス	14
22	f (x)	2009	エレクトロニカ	11
23	Pinkrush	2016	ダンス	10

2020-2024 (～06月)				
No.	アーティスト	デビュー年	主なジャンル	チャートイン回数
1	NewJeans	2022	ダンス	590
2	IVE	2021	ダンス	551
3	aespa	2020	ダンス	390
4	(G) I-DLE	2018	ダンス	369
5	LE SSERAFIM	2022	ダンス	303
6	BLACKPINK	2016	ダンス	292
7	OH MY GIRL	2015	ダンス	241
8	STAYC	2020	ダンス	188
9	Red Velvet	2014	ダンス	152
10	Brave Girls	2011	ダンス	143

11	ITZY	2019	ダンス	126
12	DAVICHI（ダビチ）	2008	バラード	118
13	TWICE	2015	ダンス	110
14	Mamamoo	2014	ダンス	94
15	IZ*ONE	2018	ダンス	74
16	GyeongseoYeji	2020	バラード	65
17	HI-KEY	2022	ダンス	62
18	WSG WANNABE（GAYA-G）	2022	バラード	62
19	NMIXX	2022	ダンス	48
20	WSG WANNABE（4FIRE）	2022	R&B／ソウル	41
21	QWER	2023	ロック／メタル	34
22	少女時代（GIRLS' GENERATION）	2007	ダンス	33
23	Apink	2011	ダンス	31

〈表5-3〉ジャンル別ランキングの期待値と確率

ジャンル	最高ランキング期待値	N
R&B／Soul	53	95
バラード	51	344
エレクトロニカ	45	14
ロック／メタル	40	5
ダンス	39	857
ラップ／ヒップホップ	26	24

ジャンル	1位確率	top10確率	N
ダンス	10.00%	32.20%	857
バラード	3.50%	12.20%	344
R&B／Soul	1.10%	22.10%	95
ラップ／ヒップホップ	8.30%	33.30%	24
エレクトロニカ	0.00%	28.60%	14
ロック／メタル	20.00%	40.00%	5

このように、K-POPガールズグループがダンス曲を歌うのは、大衆性、市場のニーズ、そして競争を考慮した戦略的選択の結果である。

このような原理はホテリングモデルを通じて説明することができ、K-POP産業における成功的なマーケティングと消費者の反応の変化を理解する上で重要な要素として機能する。

Tip

海外市場よりも国内市場に注力するJ-POPのガールズグループの場合、バラード曲を多く歌う傾向がある。

それは、バラードが情緒的な側面で日本の国内市場を攻略するのに効果的だからだろう。

反対に、国際舞台での拡張性はどうしても低くなる。

Chapter 6

IVE に乗り換えた理由
限界効用逓減の法則

6-1. 限界効用逓減の法則

　限界効用逓減の法則は経済学の基本的な概念であり、生産単位が 1 つ増えるごとに、得られる追加の満足度が徐々に減少していく現象を説明する。

　つまり、同じ商品やサービスを繰り返し消費するにつれて、それに対する満足度が低下していくことを示している。

　例えば、ある人が一日中働いて疲れ切った後、ビアホールに行き、1,000 円でビールを 1 杯飲んだとしよう。

　最初のビールは非常に甘くて冷たく、1,500 円相当の満足度を感じるかもしれない。

　しかし、2 杯目のビールを飲んだ時には、すでに喉が潤されていて、最初ほどの爽快感を感じられず、満足度は 1,100 円に

下がる。

　３杯目になると満足度は900円に、４杯目では600円にまで減少していく。

〈表6-1〉ビールの価格と満足度による限界効用逓減の法則

ビール	価格（累積価格）	満足度
1	1000	1500
2	1000（2000）	1100
3	1000（3000）	900
4	1000（4000）	600

　この場合、4,000円を支払って4,100円分の満足度を得るのは得策だと思われるかもしれないが、経済学者はビールを２杯まで飲むのが合理的だと主張している。

　なぜなら、１杯あたり1,000円を支払い、1,000円分以下の満足度しか得られない場合は損をしているからだ。

　つまり、1,000円以上の満足度を得られる範囲でお金を使うことが合理的な消費だということだ。

6-2. 大衆文化における限界効用逓減

　この観点から見ると、現在に至って少女時代のアルバム購入量が減少したのは、限界効用逓減の法則が働いているからだと言える。

　大衆は、少女時代の全盛期までは支払った金額以上の満足度

を感じていたが、その後は満足度が低下したのだろう。

　少女時代の言及量の変化を振り返ると、2ndアルバム『Gee』で活動していた2009年1月からSNSでの言及量が急上昇し、2010年1月にピークに達した〈図6-1〉。
　しかし、その後は断続的な上昇は見られるものの、全体的には減少傾向に転じた。
　これは、一般大衆の関心が減少したことを示している。
　この現象は他の第2世代アイドルにも当てはまる〈図6-2,3,4〉。

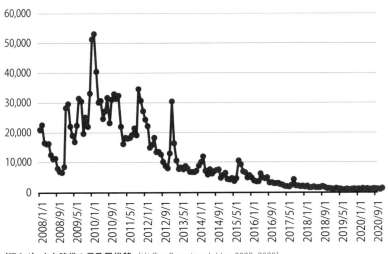

〈図6-1〉少女時代の言及量推移（出典：Sometrend, blog 2008-2020）

IVE に乗り換えた理由 − 限界効用逓減の法則

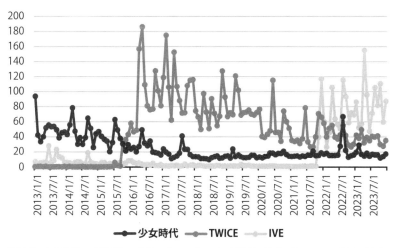

〈図6-2〉少女時代 vs TWICE vs IVE コミュニティでの言及量 （出典：Sometrend, 2013-2023）

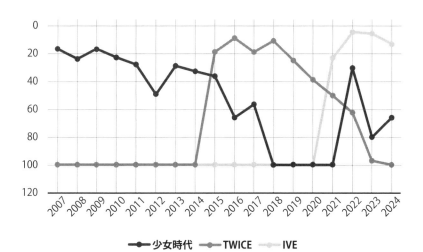

〈図6-3〉少女時代 vs TWICE vs IVE 代表曲のチャート順位
少女時代の時代が過ぎ、TWICE、そして次に IVE がチャートの上位を占めるようになった。
（出典：Sometrend, 2013-2023）

51

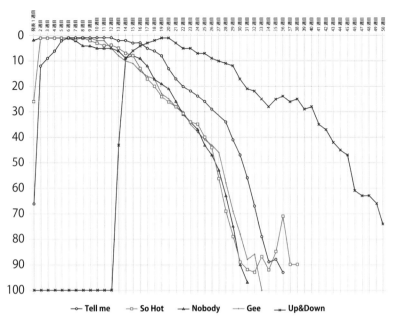

〈図6-4〉主な人気曲のチャート順位変動
時間が経つにつれてチャート圏から離れる。

6-3. 限界効用逓減の法則の明暗

　しかし、限界効用逓減の法則をうまく利用して、むしろ利益を上げる場合もある。

　私はよく海鮮ビュッフェのMレストランに行くことがあるが、最初の皿に料理を盛る時には「今日はここで元を取らないと」と意気込んでいる。

　しかし、皿の数が増えるにつれて飽きてきたり、満腹感で1時間以上耐えるのは意外に難しい。

おそらく、相撲取りなど一部の職業を除いて、多くの人が同じような経験をしているだろう。

このビュッフェにも、限界効用逓減の法則が隠されている。

では、限界効用の逓減を遅らせる方法はあるのだろうか。

ある経営学の教授に聞いてみたところ、「変化を与えるしかない」という答えが返ってきた。

つまり、元々満足を得ていたイメージに代わる新たな一面を見せて、限界効用の逓減を遅らせるという話だ。

例えば、AKB48は卒業生制度を設け、一定の期間が過ぎるとメンバーがチームを去り、新しいメンバーが補充されるシステムを採用した。

そのおかげでメンバーは絶えず入れ替わる。

また、総選挙制度を設けて毎年ガールズグループ内の順位を変動させた。

AKB48は毎年の総選挙を通じて、夏にリリースされるシングルアルバムに参加するメンバーやセンターを決定していたため、特定のメンバーが常にセンターを務めることは難しかった。

例えば、2017年の総選挙では指原莉乃が1位だったが、2018年の総選挙では松井珠理奈が1位となった。

このような方法は限界効用の逓減を最大限に遅らせ、AKB48が日本で長期にわたって人気を保てた要因の一つだろう。

Chapter 6

6-4. 限界効用の逓減を防ぐための努力

一方で、限界効用逓減の法則を回避するために、特に頭を悩ませている業界の一つがゲーム業界である。

　ユーザーがゲームに飽きてしまう速度を遅らせるために、多くの工夫がされている。

　数年前に「文明してますか？」というフレーズで有名になった『シドマイヤーの文明』を見てみよう。

　私は『文明5』をプレイしながら、DLCで得られる楽しさにすっかりハマってしまった。

　DLCとは、「ダウンロードコンテンツ（Downloadable Content）」の略で、文字通りゲームが発売された後に「ダウンロード」で追加できるコンテンツのことだ。

　例えば、最初に『文明5』を購入すると、イギリス、フランス、ロシア、アメリカ、日本など基本的な世界の強国から選んでゲームを始めることができる。

　しかし、数か月が経つとDLCが出てきて、基本パッケージにはなかった新しい文明が追加されるのだ。

『文明5』は2010年に初めてリリースされたが、その後もデンマーク（バイキング）、韓国、モンゴル、スペイン、インカ、ポリネシア、オランダ、ブラジルなどの文明を次々に追加した。

ユーザーは新しい文明が出るたびに興味をそそられ、再びゲームを手に取らざるを得なかった。

『文明』を開発したFiraxis社にとっては、ゲームを販売した後も収益を得ることができ、ユーザーにとっても、すでに楽しんでいたゲームをDLCでさらに長く楽しむことができ、しかも異なるプレイスタイルで楽しむことができるという利点があったのだ。

このような手法を取り入れた例として、2017年にデビューしたガールズグループ「LOONA（今月の少女）」がある。

このグループは非常にユニークなデビュー過程を通じて注目を集めた。

12人組のLOONAは、毎月1人ずつメンバーを公開し、徐々にその姿を明らかにしていった。

そして、メンバー数が4人、8人、12人と増えるたびにユニットを結成して活動し、3つのユニットが揃うと完全体として本格的に活動を開始するという仕組みだった。

12人全員を紹介するのに1年6か月もかかり、そのおかげでLOONAに対して飽きを感じるまでの時間もそれだけ遅くなったのだ。

彼女たちは限界効用逓減の法則を理解していたのだろうか。

Part2
経営および投資戦略

Chapter 7

視聴率1%の歌番組を
無視できない理由

バフェット効果

7-1. 彼が口を開くだけで株価が上がるバフェット効果

新聞の経済面に時々登場する「バフェット効果(Buffett Effect)」という用語がある。

「オマハの賢人」「投資の天才」などと呼ばれるアメリカの投資家ウォーレン・バフェット（Warren Buffett）が、投資対象について楽観的な発言をしたり、実際に投資すると株価が急騰する現象に由来する法則である。

最近、かつてほどの評価を受けていなかったAppleも、バフェット効果のおかげで再び株価が上昇した事例がある。

「Appleの株価は2016年2月中旬以降、19%も下落していた。
iPhoneの販売不振により、過去四半期の売上が13年ぶりに

初めて減少したうえ、2月28日にはアクティビスト投資家のカール・アイカーン（Carl Icahn）がApple株をすべて処分したと発表するなど、悪材料が続いていた。

そんな中、ウォーレン・バフェットによる株式購入という新たな好材料が登場し、Appleの株価は市場開場直後から上昇を始めた。

Apple株は3月16日（現地時間）、バフェット氏率いるバークシャー・ハサウェイ（Berkshire Hathaway Inc）が投資したというニュースを受け、前日比3.71％上昇し、93.88ドルで取引を終えた。

3月1日以来、2か月と15日ぶりに1日で最大の上昇幅を記録した」（韓国メディア、2016年5月17日付）

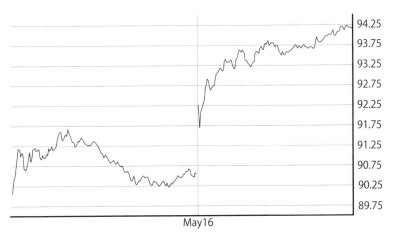

〈図7-1〉バフェット効果で暴騰したアップル株

| Chapter 7 |

　バフェットは2000年から、自分とのランチをオークションにかけるイベントを始め、それが大きな人気を集めた。
　オークションの落札者は、アメリカ・ニューヨークにあるステーキハウス「スミス & ウォレンスキー」でバフェットと3時間のランチをすることができ、そこには最大7人の同伴者を連れていける。

　最初の年に2万5千ドルで始まったこのランチは毎年価格が上がり、最後の2022年には1,900万ドル、約27億6千万円で落札された。
　ニューヨークの物価が高いとはいえ、ステーキ1食はせいぜい100〜200ドル程度なので、このランチの価格は非常に高い。
　それでも人々が大金を払ってまでバフェットとランチをしたがる理由は、このランチを通じてそれ以上の価値を得られるからだ。

　2008年、中国人の趙丹陽は当時の最高金額である211万ドルを支払い、バフェットとのランチ権を獲得した。
　そして、自分が所有するスーパーマーケットチェーン「五美商業」に関するアドバイスを求めると公言した。
　このニュースが投資家に伝わると株価が急上昇し、最終的に趙丹陽は2008年末に五美商業の持ち株を売却して約1,600万ドルの利益を得た。
　バフェットとのランチ費用を差し引いても1,400万ドルの差

益を得たことになり、まさにバフェット効果を享受したことになる。

7-2. NewJeans が大学祭を諦められない理由

このバフェット効果は、韓国のガールズグループが大学祭で得ようとする効果と似ている。

おそらく韓国独自の現象の一つだろうが、5月に一斉に開催される韓国の大学祭のステージには、NewJeans や IVE などの有名なガールズグループが出演する。

ソウルの有名私立大学では、どのガールズグループを大学祭に呼ぶかが、プライドをかけた戦いのようになっている。

これらのガールズグループのコンサートのチケット価格は通常1.5〜2万円ほどだが、大学祭のチケットはその10分の1ほどで、学生にとっては非常に経済的だ。

もちろん、彼女たちが2〜4曲程度しか歌わないことを考慮しても。

他方、ガールズグループは大学祭でどのような経済的利益を得ているのだろうか？

他のイベントと同じくらいの報酬を得ているのだろうか？

結論から言うと、そうではない。

Chapter 7

　大学祭の出演料は200〜500万円程度で、一般的なイベント
と比べて約30％安い。

　しかし、それでも彼女たちが大学祭に出演する理由は、計り
知れない宣伝効果があるからだ。

　大学祭の観客の大半は20代の大学生で、彼らはK-POPの主
要なファン層だ。

　彼らはバイラル（口コミ）能力が高く、短い動画や編集され
た映像を作成してSNSでシェアするため、大学祭のステージ
は他のどの公演よりも宣伝効果が高い。

　さらに、最近の韓国の大学には日本やアメリカ、中国などの
留学生も多く、グローバルな宣伝効果も期待できる。

　したがって、大学祭にガールズグループが出演することは、
韓国の20代の中で最も人気があるグループであることの証明
となり、そのステージは市場価値の高い層にアプローチし、宣
伝する多くの映像を生み出す場となる。

　ガールズグループにとって、大学祭はまさにバフェット効果
を享受する絶好の機会だ。

　次ページの表はQWERのYouTube動画再生回数ランキングで
ある。

　1位から10位の中で5本が大学祭で撮影された直カメ動画（パ
フォーマンスを撮った映像）である。

62

〈表7-1〉QWER 直カメ YouTube動画再生回数ランキング

動画タイトル	再生回数	大学祭の有無
やっぱり経歴アイドル シヨミン…	3800799	
QWER '悩み中毒' ショーケース…	1225890	
[FULL FOCUS] 高麗大学　学院祭 …	722652	大学祭
QWER - 悩み中毒 チアリーディング パート 応援する 高麗大学…	567648	大学祭
チョダン ドラムソロ 言葉がない...	312024	
高麗大学 悩み中毒 合唱…	280281	大学祭
[8K FULL] QWER - 京畿科学技術大学 学院祭 直撮り…	263150	大学祭
QWER - 悩み中毒	240507 京畿科学技術大学 学院祭	BOX	208497	大学祭
またヒットの兆し見える QWER 新曲 '悩み中毒'...	176363	
QWER ヒナ (ジャンナヨン)、写真撮影時間 縦直撮り	172235	

　大学祭では通常ライブパフォーマンスが行われるため、これまでパフォーマンスに隠れていたガールズグループのライブ実力を披露する絶好の機会でもある。

　ちなみに、2024年に高麗大学祭に出演したQWERは、ライブバンドの演奏とともに6曲を披露した。

　このように、K-POPアイドルグループが大学祭を好むのは当然であり、出演料を30～40％減額してでも出演する価値があるのである。

▎7-3. 視聴率1％にも満たないTV音楽番組に出演する理由

　最近、あるボーイズグループアイドルがファンとのコミュニケーションプラットフォーム「バブル」でこう語った。

「音楽番組は本当にいいよ。でも費用対効果が合わない。第2

世代の先輩たちのように、音楽番組に出て巨大な宣伝効果があるわけでもなく、１週間音楽番組に出ると100万円がかかる。カムバック（休止期間後の活動再開）するためにセットを組んだりすると、さらに費用がかさむ。ヘアメイク代、スタイリング代、現場スタッフの食事代、スナック代、飲み物代まで含めると200万円にもなる。でも、宣伝のためにはやらなければならないんだ」

　実際、企画会社の人々も似たような反応を示していた。

　この本を書くために、関係者たちと会うまでは、みんながTV音楽番組への出演を単純に喜んでいると思っていたが、実際に会ってみるとそう簡単な話ではなかった。

「出演すること自体はいいんだけど、費用がバカにならないんだ。でも、出ないわけにもいかないし……」と、やはり費用の問題があった。

　SMエンターテインメント（以下、SM）やJYPのような大手企画会社なら問題ないが、資本の少ない中小の企画会社にとっては重い負担である。特に負担になるのが衣装費である。

「MBCの音楽番組で着た服をSBSにも着ていくと、プロデューサーが嫌がるんだ」。放送局ごとに異なる衣装を着なければならないため、衣装代がかさむという。

　そのため、数十万から数百万円する衣装を１人あたり４着は用意しなければならない。

　TWICEのように９人組で活動するグループの場合、この問題

はさらに深刻である。

それに対し、受け取る報酬は5,000円〜2万円程度であり、20年前と変わらない。

さらに問題は視聴率である。

代表的な音楽番組の平均視聴率は1％を超えない状態が続いている。2024年5月24日の平均視聴率は0.4％で、いわゆる「国歌レベル」（極めて低い視聴率の意）の視聴率である。

2007年から2012年の間、いわゆる第2世代ガールズグループが活動していた頃は、20〜30％の視聴率が普通だった。

それに比べると非常に低い数値だ。視聴率は20分の1以下に減少しているが、出演にかかる費用は減らず、報酬も20年前と変わらないままである。

これでは「音楽番組に出ても、第2世代の先輩たちのように巨大な宣伝効果なんて期待できない」という不満が出るのも無理はない。

企画会社の立場としても、思わず叫びたくなる気持ちだろう。

ある企画会社の取締役は「収入で考えれば、TVよりも地方イベントに出たほうがマシだ」と語った。

それでも彼らが地上波TV音楽番組を無視できない理由がある。

ガールズグループが高い費用を払って地上波TVの音楽番組に出演するのは、バフェットとランチをする理由と本質的に変

わらない。

　音楽業界の関係者によれば、音楽番組に1度出演すると、イベント出演料が3〜4倍に跳ね上がるという。

　実際に、5人組ガールズグループ所属の関係者によると、「1回のイベントで20〜30万円だった出演料が、音楽番組に出演した後には100万円にまで上がった」という。

　ここで疑問が生じる。

　仮に音楽番組で1位を獲得することと、バラエティ番組に出演することのどちらがバフェット効果をもたらすのだろうか？

　いくつかの企画会社に尋ねたところ、全員が「音楽番組で1位を取るほうがはるかに影響力が大きい」と答えた。

　ある企画会社の取締役は「地上波TVで1位を取るとイベント出演料が10倍に上がる」と、音楽番組の影響力を具体的な数値で示した。

　ここで、TV音楽番組でのバフェット効果を考察してみよう。

　2021年3月、SBSの音楽番組でデビュー10年目にして初の1位を獲得したBrave Girlsは、デビュー後わずか1本しかなかった広告が、その後27本にまで増えた〈図7-3〉。

　地上波TVの音楽番組で1位になることは、金銭的なことだけでなく、アーティストとしての「尊厳」を高め、その後の長期的な活動にも大きな助けとなると言われている。

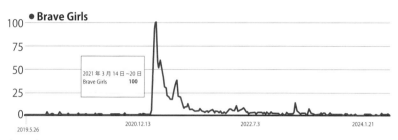

〈図7-2〉Brave GirlsのGoogleトレンド検索量推移

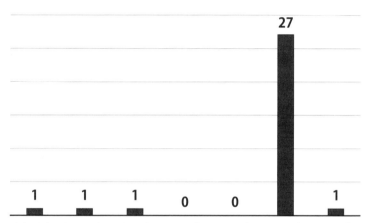

〈図7-3〉Brave GirlsのCF出演

　他方、「どれだけバラエティ番組に多く出演しても、音楽番組での成績が良くなければ限界があり、長く続かない」とも指摘されていて、この点においても、Brave Girlsは良い例を示している。

Brave Girlsは2021年に地上波TVの音楽番組で9回も1位を獲得した。「Rollin'」で6回、「Chi Mat Ba Ram」で3回だ。

しかし、2022年からは再び1位を獲得できず、広告も急激に減少した。バラエティ番組への出演は、あまり効果をもたらさなかった。

これまで会ってきた10人以上の企画会社関係者に「人気バラエティ番組への出演と、音楽番組での1位、どちらを選ぶか」と質問したところ、全員が音楽番組での1位を選んだことに少し驚いたが、彼らの話を聞くうちにその理由が理解できた。

最近急成長しているQWERも同じだ。QWERは2024年5月4日、MBCの音楽番組で1位候補にまで上り詰めた。

結局1位は獲得できなかったが、彼女たちがほとんどテレビ活動をしていないことや、HYBEやJYPのような大手事務所ではなく、YouTuberが手掛けた『最愛の子供たち』というプロジェクトから誕生したガールズグループであることを考えると、非常に大きな成果だと言える。

QWERがGoogleトレンドで検索量のピークを迎えたのは、やはり5月4日、MBCの音楽番組で1位候補に上がった日である〈図7-4〉。

そのため、地上波TVの音楽番組の視聴率が1%と低迷していても、これによる波及効果は無視できない。

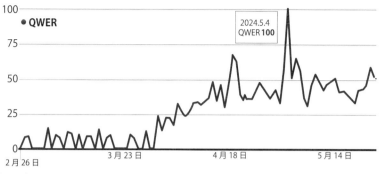

〈図7-4〉QWERのGoogleトレンド検索量推移

　音楽業界の関係者によると、最近では海外でも韓国の音楽番組がよく視聴されており、海外のファンも韓国の音楽番組での順位を人気の指標としているという。

　では、地上波TV局が視聴率の低い音楽番組を続ける理由は何か。

　地上波TV局は、K-POPアイドルの音楽番組映像をYouTubeチャンネルにアップロードすることで、数百万から数千万回の再生回数を稼ぐことができる。
　韓国だけでなく世界中のK-POPファンがテレビ局のYouTubeチャンネルを訪れるため、視聴率が低く広告収入が少なくても、テレビ局にとっては十分な利益を得られるというわけだ。
　そのため、視聴率が0％台に近づいている音楽番組であっても、地上波TVで廃止されずに今も存続しているのである。

Chapter 8

デビュー9年目の
WJSNの生存

埋没費用

8-1. 埋没費用（sunk cost）

　埋没費用（sunk cost）とは、意思決定を行い実行した後に発生した費用のうち、回収不可能な費用を指す。

　代表的なものとしては、企業の広告費やR&D費用などがある。

　活動を中止・廃止しても回収できない費用であるため、すでに投資した時間や費用が惜しくて、プロジェクトを諦めずに続けてしまう「埋没費用効果」に陥ることが多い。

　これは、合理的な将来の意思決定を妨げる要因として働く。

　代表的な例として、1969年にフランスとイギリスが共同で開発した超音速旅客機コンコルド（Concorde）がある。

　コンコルドは最高速度マッハ2.2を誇り、パリーニューヨーク間の飛行時間を従来の7時間から約3時間に短縮した。

しかし、高額な生産費、機体の欠陥、騒音や大気汚染の問題、そして高額な運賃などから商業的な成功は困難と予測されていた。

それにもかかわらず、両国はすでに投資した190億ドルの回収を諦めきれず、プロジェクトを中止できずにいた。

結局、2003年に多額の損失を抱えたまま運行を停止した。

この事例は「コンコルド効果」として、埋没費用効果の代表的な例として知られている。

▌8-2. WJSNと埋没費用のジレンマ

WJSNはデビュー9年目に入ったガールズグループである。

2016年にBLACKPINKとともにデビューしたが、大衆的な認知度は依然として低い。

『プロデュース101』を熱心に観た人なら、ユ・ヨンジョンの優れた歌唱力を覚えているだろう。

しかし2024年までにWJSNは一度も音楽番組で1位を獲得したことがなく、13人でスタートしたチームは現在10人に減少している。

2022年以降は新曲の発表もない状況だ。

音楽業界では、ガールズグループが成功できる期間は通常デ

ビュー後３年間程度だと言われている。

　この時期を逃すと「マイナー」という認識が強まり、巻き返すのは難しい。

　もちろん、Brave Girlsのようにデビュー10年目に１位を獲得した劇的な例もあるが、ほとんどのガールズグループはデビューから３年以内に１位を獲得しなければならない。

　そのため、WJSNが今後１位を取る可能性は非常に低いと言える。

〈表 8-1〉デビュー後、音楽番組で１位を獲得するまでの日数（地上波音楽番組基準）

グループ名	曲名	日数	グループ名	曲名	日数
ITZY	DALLA DALLA	12日	Diva	What's Up?	304日
Kep1er	WA DA DA	12日	After School	Because of You	340日
LE SSERAFIM	FEARLESS	12日	GFRIEND	Rough	386日
BLACKPINK	WHISTLE	14日	Crayon Pop	Bar Bar Bar	409日
IVE	ELEVEN	17日	MOMOLAND	BBoom BBoom	471日
ILLIT	Magnetic	20日	STAYC	RUN2U	478日
miss A	Bad Girl Good Girl	23日	SECRET	Shy Boy	480日
NewJeans	Attention	28日	AOA	Mini Skirt	560日
2NE1	Fire	29日	f (x)	Pinocchio (Danger)	602日
aespa	Black Mamba	62日	MAMAMOO	You're the Best	627日
Chakra	Han	65日	NMIXX	DASH	705日
4Minute	Muzik	102日	KARA	Honey	711日
I.O.I	Whatta Man	108日	(G) I-DLE	Oh My God	717日
少女時代	少女時代	113日	BABY V.O.X	Get Up	762日
CSR	♡TiCON	128日	Apink	NoNoNo	823日
T-ARA	Bo Peep Bo Peep	157日	LABOUM	Hwi Hwi	975日
IZ*ONE	Violeta	166日	EXID	Up & Down	1059日
SISTAR	How Dare You	198日	Girl's Day	Female President	1095日
TWICE	CHEER UP	200日	OH MY GIRL	BUNGEE	1581日
Red Velvet	Ice Cream Cake	239日	fromis_9	Stay This Way	1627日
Wonder Girls	Tell Me	261日	Brave Girls	Rollin'	1854日

アイドルグループの成功には莫大な費用が投じられている。

以前、中小企画会社の取締役Aとの会話で、7人組ガールズグループをデビューさせるのに5億円かかったという話を聞き、驚いたことがあった。

2012年にデビューした7人組のBガールズグループも3.5億円がかかったが、これも当時としてはかなりの金額だった。

最近では制作費がさらに高騰し、投資される費用はますます増えている。

昨年、外国人たちとK-POPシステムについて話し合う機会が何度かあった。

彼らが最も驚いたのは、企画会社が発掘から育成、トレーニング、（時には学業支援）、宿泊、デビュー、宣伝、マーケティングのすべてを担当する点だった。

他国の基準からすれば、これは非常に特異なケースだ。

例えば、ビートルズはイギリス・リバプールのクラブでバンド活動をして名声を築き、レコードショップのオーナー、ブライアン・エプスタインと出会って人生が変わった。

それから数十年経っても、このプロセスは大きく変わらなかった。

ほとんどの場合、活動を始めてからレコード会社やプロデューサーの目に留まり、より大きなステージへ進出するのが普通である。

一方、K-POPアイドルは企画会社と出会う前は「白紙の状態」であることが多く、しっかりとした楽器やボーカルトレーニングを受けたことがない場合がほとんどだ。

文字通りゼロからスタートするため、アイドルグループをデビューさせるには時間と費用がかかるのは当然である。

企画会社が密集している首都圏にメンバーが住むための家を用意するだけでも数千万円がかかり、ダンスやボーカルなどのトレーニング費用、アルバムおよびミュージックビデオ制作費も相当な額がかかる。

FIFTY FIFTYもシングルアルバム『Cupid』を制作するのに1.2億円ほどかかったという。

デビュー後も、各種スケジュールにかかる交通費やヘア・衣装費、マネージャーの給与、食事代などが次々と費用として発生する。

こうした理由から、所属事務所の立場では、収益を上げていないガールズグループを無期限に維持するのは難しい。

2024年現在、2020年以前にデビューしながら期待されたほど成功していないグループについて事務所が解散を検討するのは、合理的な選択肢となる可能性がある。

にもかかわらず、多くのガールズグループが解散せずに存続している理由は、前述の埋没費用のジレンマにある。

所属事務所もファンも、すでに投資した時間と費用を惜しん

<表8-2>「ガールズグループ + 解散」に関連して言及される年数

順位	年数	言及量	備考
1	7年	4,075	再契約の7年
2	10年	1,035	長寿グループの10年
3	3年	943	埋没コストの3年
4	1年	342	新生グループの初期1年
5	2年	229	新生グループの初期2年

再契約、長寿グループになるまでの期間 → 7年、10年
3年以内にブレイクできず、埋没費用になるケース → 3年
初期段階で低迷し解散に至るケース → 1年、2年（両極化）
（出典：Sometrend, 2015-2022, Twitter 言及量）

で、チームを諦めずに維持しようとするのである。

この状況はWJSNにも当てはまる。

チームが新曲を発表せず、活動が活発でなくても、すでに投資された莫大な時間と費用を考えると、簡単に解散を決断することは難しい。

結局、埋没費用はグループの存続を後押しする一方で、大きな決断を妨げる要因としても働くのである。

8-3. 埋没費用を選択した Jellyfish

しかし、埋没費用を受け入れた事例も存在する。

WJSNと同じく、2016年にデビューしたgugudanは、華々しいスタートを切った9人組のガールズグループだった。

その年に大きな話題を集めたケーブルテレビMnetのガール
ズグループオーディション番組『プロデュース101』で大人気
を博し、デビュー組に選ばれて「I.O.I」として活動したキム・
セジョン、カン・ミナがメンバーとして含まれていたからだ。

すでにキム・セジョンとカン・ミナはトップスター級の人気
を誇っていたため、gugudanは大成功を収めるだろうという予
測が多かった。

しかし、彼女たちはあたかも、プロ入り後に目立たないドラ
フト1位の高校有望選手のようだった。

デビュー後、一度もチャート1位を獲得することなく、2020
年に解散してしまった。

デビューからわずか4年だった。

ガールズグループの契約期間が通常7年であることを考慮す
ると、彼女たちの所属事務所であるJellyfishエンターテインメ
ントは、埋没費用を受け入れる選択をしたことになる。

埋没費用を抱える所属事務所の決断は、ファンにとって残酷
に見えることもあるが、場合によってはポジティブな結果をも
たらすこともある。

例えば、学習塾やフィットネスセンターに登録した時に、本
来の価値を回収しようとして一生懸命頑張ることがある。

しかし効果が一時的で、数日しか続かないことが問題ではあ
る。

デビュー9年目のWJSNの生存 - 埋没費用

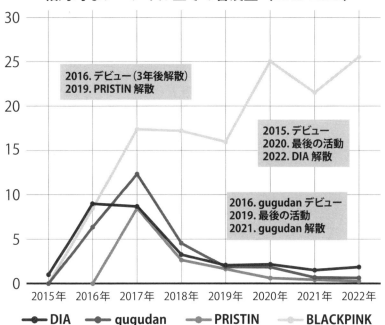

〈図8-1〉DIA vs gugudan vs PRISTIN vs BLACKPINK 相対的なソーシャルメディアでの言及量（類似の時期にデビューしたグループ）

PRISTIN ＞ gugudan ＞ DIA の順で、埋没費用を早く整理してグループが解散した。グラフのパターンを通じて分析されることは、デビュー後1〜2年以内に話題を集め、その話題を3年目以降も「最低限維持」できなければ、グループ解散の危機に直面するということである。（出典：Sometrend, 2015-2022）

Chapter 9

『プロデュース 48』の選択

機会費用

9-1. 機会費用 (Opportunity Cost)

　機会費用とは、ある選択を行う際、その選択によって放棄される他の選択肢の最大価値を意味する経済学の用語である。

　この概念は、オーストリアの経済学者フリードリッヒ・フォン・ヴィーザー（Friedrich von Wieser）が1914年の著書『社会経済理論（Theorie der gesellschaftlichen Wirtschaft）』で初めて提唱したものである。

　つまり、何かを選ぶ時、他の選択肢を放棄することになるが、その放棄された選択の価値が機会費用である。

　日常生活でも機会費用は頻繁に発生する。

　例えば、大学を卒業して就職を準備する代わりに起業を選んだ人がいる場合、彼は起業に成功した場合の利益と、就職した

際に得られる給与を比較することができる。

　起業に成功するためには、放棄した給与以上の利益を得る必要があり、それが実現すれば、経済的に成功した選択となる。

　機会費用は、特に芸能界のような競争が激しい業界では重要な役割を果たす。

　アイドルとして成功するためには多くの投資と時間が必要だが、成功しなければ彼らの機会費用は莫大になる。

　例えば、アイドルとしてデビューし、数年間報酬を得られなかった場合、もし彼らが一般の職業を選んでいたならば、どれだけの収入を得ていたかを考えることができる。

▌9-2. ガールズグループの機会費用計算：
Cherry Bullet のパク・ヘユンの例

　最近解散したガールズグループCherry Bulletのメンバー、パク・ヘユンを例にして機会費用を計算してみよう。

　彼女は28歳でガールズグループメンバーとしてデビューし、現在6年目である。

　もし彼女がガールズグループに参加する代わりに、一般大学に進学し、普通の会社員として大企業に就職していたらどうだっただろうか？

　2020年の就職ポータルサイトの発表によると、韓国の大企業の新入社員の平均年俸は410万円であった。

Chapter 9

　これを基準にして、パク・ヘユンが会社に勤め、毎年平均5％の昇給があったと仮定すると、彼女がガールズグループメンバーになることで放棄した機会費用は約2,266万円になる。

〈表9-1〉ガールズグループを選択し放棄された機会費用

年次	1	2	3	4	5	合計
金額	410万円	431万円	452万円	475万円	498万円	2,266万円

　パク・ヘユンが会社員として得られたであろう収入を基準にすると、6年間アイドル活動しながら収益を得られなかった場合、彼女が放棄した機会費用は非常に大きい可能性がある。

　しかも、K-POPアイドルの世界は非常に不確実である。

　成功を収めた上位10％のアイドルだけが莫大な収益を得ることができ、多くのアイドルは期待されたほどの収入を得られなかったり、収益を全く得られない場合も多い。

　2017年に韓国国税庁が発表した資料によると、歌手の90％は年間80万円未満の収入しか得ていないという。

　月収にして6万円にも満たない収入で生活している歌手が全体の90％を占める。

　一方、2017年時点で芸能人収入の上位10％は年平均6,040万円を稼いでおり、一般的な会社員が5年間で稼ぐ2,266万円よりも2倍以上多い。したがって、通常ガールズグループの契約

期間である7年間にたった一度でもチャンスを掴んで有名になれば、平凡な人生を諦めた代償を十分に補うことができる。

それがガールズグループを諦めるのが難しい理由なのかもしれない。

9-3. ジュリナとサクラの機会費用：『PRODUCE 48』の選択

ジュリナ（松井珠理奈）とサクラ（宮脇咲良）は48グループを代表する2人のメンバーで、長らくライバル関係として知られていた。

特に2018年の『プロデュース 48』を通じて2人の運命は大きく分かれた。

当時、ジュリナは体調不良で途中降板し、サクラは最後まで選抜レースを走り切って2位となった。

その後、サクラはIZ*ONEのメンバーとなり、現在はLE SSERAFIMのメンバーとして韓国で活動している。

一方、ジュリナはSKE48に戻り活動を続けたが、2021年に卒業した。

2009年からしばらくの間は、48グループで早くデビューし、2018年の総選挙で1位を獲得したジュリナのほうが韓国でも話題になることが多かったが、最近5年間に限ると2人の状況は逆転している。

2人の現在の差は『プロデュース 48』を完走したかどうか

Chapter 9

にあったのではないだろうか。

　第1回の放送でジュリナの順位は4位、サクラは1位だった。ジュリナもデビュー圏内である12位以内に十分入っていた。

　もちろん、番組を続けていたからといって必ずしもジュリナがデビューできたとは限らない。

　それでも、現在の2人の歌手として、また芸能人としての大きな差を考えると、ジュリナの機会費用が非常に大きかったと感じざるを得ない。

　サクラはLE SSERAFIMのメンバーとして活動し、その具体

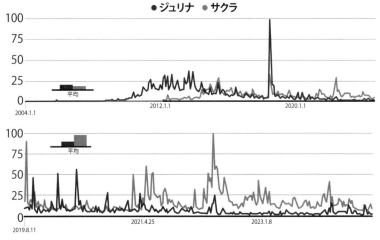

〈図9-1〉時間の流れによる関心度の変化
Googleトレンドにおけるジュリナとサクラの言及量の差異を過去20年間で見ると、ジュリナのほうが言及量は多いが、最近5年間に限るとサクラが優位に立っている。

的な収入を公表したことはないが、推定される収入は少なくとも年１億円以上だろう。

9-4. 機会費用と選択の重要性：少女時代と Wonder Girls の事例

もう一つの機会費用の事例として、少女時代と Wonder Girls の海外進出を比較することができる。

両グループはどちらも 2007 年にデビューし、デビュー初期には Wonder Girls がヒット曲や知名度の面でリードしていた。

しかし、Wonder Girls が 2008 年にアメリカ市場に進出したのに対し、少女時代は韓国での活動を基盤に、日本や東南アジア市場へ進出する戦略を選択した。

この選択は、両グループの運命を大きく変えた。

少女時代は国内およびアジアで安定した人気を維持し、CF 出演やアルバム販売で莫大な収益を上げた。

一方、Wonder Girls はアメリカ進出で大きな成果を挙げられず、時間が経つにつれて国内での人気も失ってしまった。

もし Wonder Girls がアメリカではなく、国内活動とアジア市場を選んでいたらどうだっただろうか。

人気が絶頂の瞬間に太平洋を渡った Wonder Girls の機会費用は非常に大きかった。

Chapter 9

<表9-2> デビュー初期に少女時代とWonder Girlsが出演したCF（2008年）

少女時代	ビリップX5	サンキストスウィートメイド	エニーコールハプティック	イェジミイン	メイプルストーリー	グプネチキン
Wonder Girls	ビタ500	公明選挙	EVER W420	ペリペラ	クラウンベーカリー	アイビークラブ

〈表9-3〉 少女時代とWonder Girlsの広告比較（2009-2010年）

		2009年	2010年
少女時代		エリート学生服	三養ラーメン
		クリーン＆クリア	クリーン＆クリア
		バナナ味牛乳	サイオン クッキフォン
		ダンジョン＆ファイター	ニンテンドーDS
		ポスト アーモンド クランベリー グラノーラ	イニスフリー
		仁川世界都市祝典	グプネチキン
		グプネチキン	サイオン クッキー
		ミエロビューティエン	ビオテルム アクアスース
		Shinhanカード	カリビアンベイ
		三養ラーメン	S-Oil
		サイオン ニューショコラ	ドミノ ローストビーフピザ
		SPAO（スパオ）	クリーン＆クリア
		三養ラーメン	ダウム マイピープル
Wonder Girls		サーティワン	フォルテ
		赤ペン	
		フリースタイル	
		ビタ500	
		EVER エクスリム	
		BBQチキン	
		カフェモリ	

9-5. 機会費用は選択の結果

　機会費用はアイドルや芸能界だけでなく、私たちの日常生活においても重要な経済概念である。

　ジュリナとサクラ、少女時代とWonder Girlsの事例を通じて、選択の結果がどれほど大きな影響を与えるかを確認できる。
　成功した選択は相応の報酬をもたらすが、重要なチャンスを逃すと機会費用は非常に大きくなる可能性がある。

　結局、機会費用を最小化するためには慎重な選択と戦略が必要であり、これは個人だけでなく、企業や組織にとっても重要な要素として機能する。

Chapter10

少女時代がメンバーを
補充しなかった理由
メニューコスト

10-1. メニューコスト（Menu cost）

　ブラジルは1990年代に深刻なインフレーションを経験した。

　このため、店は1日に何度も価格を調整しなければならなかった。

　従業員が勤務時間の半分を値札の変更に費やしていたという話があるほどだった。

　通貨価値が下がるたびに素早く価格を引き上げないと損をするが、店主にとっては従業員の給与の半分を値札の変更に費やすのもストレスであっただろう。

　メニューコスト（Menu cost）とは、このようにインフレーションなどの環境変化に応じて商品の価格やサービスの価格を調整する際にかかる「費用」を指す経済学用語である。

この概念は、アメリカのハーバード大学のグレゴリー・マンキュー（Gregory Mankiw）教授が初めて使用したもので、レストランでメニューに記載された料理の価格を変更するという発想から着想を得たと言われている。

　価格変更だけでなく、システムの更新、価格変動に伴う新たな戦略の策定、新たな広告費用、そして常連客が離れてしまう損失など、広い意味で使用される。

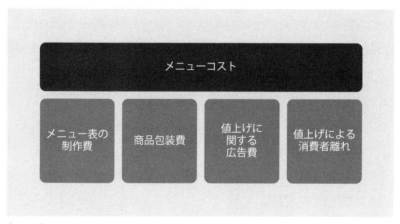

〈図10-1〉メニューコスト

　2023年、TwitterがTeslaの創業者イーロン・マスク（Elon Musk）に買収され、公式名称を「X」に変更した際に大きな論争が巻き起こったことを覚えているだろう。

　10年以上にわたりTwitterを使用してきたユーザーたちは、馴染み深い青い鳥のロゴや「ツイート」や「リツイート」といったTwitter特有の用語がもう意味を持たなくなるという事実

Chapter 10

に大きな失望を感じた。

　中には、「X」に変わった場合に離脱すると宣言するユーザーもいた。

　アメリカのマーケティングソリューション会社であるHubSpotの調査によれば、2024年までに17％の回答者が「X」の使用を中止する意向を示したという。

　この隙を狙って、SNSの競合であるFacebookは、Twitterと類似した機能を持つThreadsを発表した。

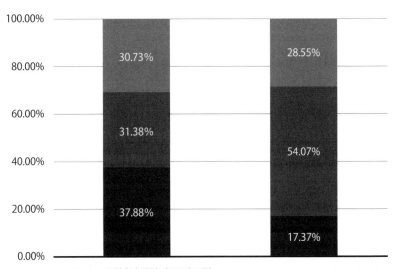

〈図10-2〉**Twitterの社名変更後1か月間の肯定・否定反応の変化**
Twitterの社名が変更され、ロゴが変わった後の1か月間で否定的な反応が急増した。
（出典：Sometrend, 2023.06-2023.07）

2012年にスターバックスがロゴから英語表記を削除し、セイレーンの絵だけを残すことにした際、アメリカでは大きな議論が巻き起こった。

スターバックスは、言語の壁を越えてアジア市場に進出するという目標を示したのだが、何か物足りなくて馴染みがないという評価が多かった。

しかし現実には、それが功を奏したのかは定かではないものの、その後スターバックスは韓国、日本、中国などのアジア市場で成功を収めている。

ケインズ派では、このようなメニューコストのリスクのため、企業はインフレーションに伴う一部の損失を甘受しても価格変更をしない傾向がある、と言われている。

10-2. 少女時代とメニューコストのジレンマ

少女時代の例を見てみよう。

2014年、少女時代はメンバーのジェシカの脱退により9人組から8人組に再編された。

ファンの間ではメンバー補充に関する議論があったが、SMは新しいメンバーを補充せず、チームをそのまま維持することを決定した。

これに対して多くのファンが疑問を抱いた。

なぜ少女時代はWonder Girlsのようにメンバーを補充しなかったのか?

事務所の選択は、メニューコストを避ける戦略だった。

ある時、事務所関係者に質問したところ、「メンバーたちは十分にやっているのに、わざわざ補充する必要があるのか?」と返された。

さらに、「新しいメンバーが加入すると、既存メンバーとのチームワークの問題もあるし、ファンも歓迎しない場合がある」と付け加えた。

少女時代はすでにデビュー7年目で、グループのイメージや個々のメンバーの活動が確立されていた状態だった。

インタビューからわかるように、新しいメンバーを加入させることは単にチームを再編する問題だけではなく、チームワークやファンダムの反応など複数の変数を考慮する必要があった。

このような状況で新しいメンバーを加入させることは、むしろさらなるリスクを生む可能性があった。

10-3. メニューコスト以上の価値

では、ガールズグループでメンバーが変更される際に発生するメニューコストとは何だろうか。

「まず、既存の曲をすべて練習させなければならない。特にダ

ンスを習得するのに最も時間がかかる。そして、新しいメンバーを含めたプロフィール写真を新たに撮影し、新メンバーを宣伝するための広報活動も必要だ」（A企画会社の取締役）

やはり多くのメニューコストが発生する。
それでもメニューコストを甘受しなければならない場合が確かに存在する。

突然の結婚発表（Wonder Girls-ソネ）、メンバー間の不和説（T-ARA-ファヨン）、いじめ問題（LE SSERAFIM-キム・ガラム、(G)I-DLE-スジン）、収益分配を巡る対立（KARA-カン・ジヨン、ニコル）など、ガールズグループを管理していると、予期せぬさまざまな状況が発生する。

SMやHYBE、YGエンターテインメント（以下、YG）のような大手企画会社はメニューコストを考慮してメンバー交代に慎重である一方、中小企画会社はメンバー交代というメニューコストを受け入れることが多い。
そして、それが意外にも「神の一手」になることがある。

KARAのカン・ジヨンとク・ハラは、日本進出時に大きな人気を得て、日本で成功するのに大きく貢献したメンバーだったが、彼女たちはどちらも後から加入したメンバーだった〈図10-3〉。

Chapter 10

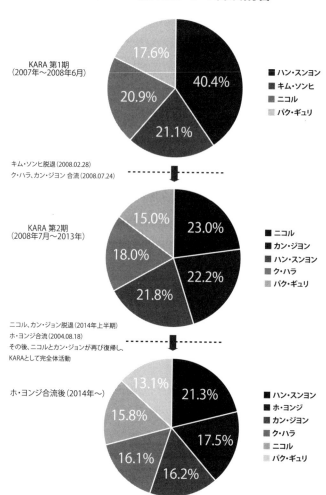

〈図10-3〉メニューコストを受け入れたKARA
第1期ではハン・スンヨンの言及量が突出していたが、第2期では新メンバーであるカン・ジヨン、ク・ハラと既存メンバーの言及量が大差なく等等に分布している。また、第3期でもホ・ヨンジの言及割合が高く、新メンバーの加入が成功したと評価できる。(出典：Sometrend, blog, 2008-2016, KARAメンバー別言及量の変化)

それにもかかわらず、最近は新メンバーを補充するのではなく、少女時代のようにメンバーを補充しないケースが増えている。

(G) I-DLE や LE SSERAFIM も、スジンやキム・ガラムがそれぞれ校内暴力論争で脱退し、NMIXX もジニが理由を公表せずに脱退したが、メンバーを補強せず、1人減った状態で活動を続けている。

音楽業界では、ガールズグループのメンバー育成に投入される費用やファンの反応など、考慮しなければならないメニューコストが過去よりもはるかに大きくなっているためだという。

K-POP の水準自体が向上しているため、すぐにデビューできるほどの訓練を受けた代替メンバーを見つけるのは、過去ほど簡単ではないようだ。

10-4. 埋没費用かメニューコストか

2023年の K-POP で最大の話題となったのはガールズグループ FIFTY FIFTY であった。

中小企画会社からデビューしたこのガールズグループが、アメリカのビルボードチャートで大成功を収めたシンデレラストーリーに沸いていた最中、突然、金銭問題で会社とメンバーの間で訴訟が起こり、世間はまるで「ドロドロのドラマ」を見るような反応を示した。

Chapter 10

会社はメンバーに復帰を訴えたが、メンバーたちは芸能界引退も辞さない強硬な姿勢を見せた。

最初はメンバー側に傾いていた世論も、次第に会社側へと転じ、FIFTY FIFTYのメンバー4人のうちキーなキナは途中で脱退し、1人だけ所属事務所に戻った。

数か月にわたる裁判の末、法廷が勝利を認めたのは所属事務所ATTRAKT側であった。

ここでATTRAKT側には2つの選択肢があった。

4人組FIFTY FIFTYで残ったメンバーはたった1人。

デビューしてから1年も経っていない。

埋没費用と考えてチームを解散し、新たなガールズグループを作るべきか、それとも新メンバーを補充するというメニューコストを受け入れるべきか。

ATTRAKTの選択はメニューコストだった。

埋没費用を受け入れるには代償が大きすぎると判断したようだ。

アメリカで大成功を収めたとはいえ、FIFTY FIFTYはまだ新人に近く、メンバー個々の知名度はそれほど高くなかった。

だからこそ、メニューコストを負担する価値があると考えたようだ。

もしBLACKPINKのように各メンバーがスーパースター級の人気を持っていたら、このような選択は難しかっただろう。

　リサが抜けて、BLACKPINKに新しいメンバーを補充できるだろうか？

　そうしてBLACKPINKが人気を維持できるだろうか？

　BLACKPINKはメンバー1人が脱退した瞬間、メニューコストではなく埋没費用を払わなければならないガールズグループである。

　2023年夏、リサに著名ファッショングループの後継者との熱愛報道が出た際に株価が急落したのもこの証しだ。

　もしリサが大富豪と結婚し、芸能界を引退するなら、BLACKPINKはその瞬間に解散を余儀なくされるからである。

　ただ幸運なことに、BLACKPINKのファンにとってはそのようなことは起こらなかった。

Part3
行動経済学と
大衆の意思決定

Chapter11

第３世代ガールズグループは
なぜ９人以上なのか

リンゲルマン効果

┃ 11-1. フォードが示した規模の経済

アメリカの自動車会社フォードが1908年に発売した「モデルT」は、瞬く間に自動車市場を席巻した。

その理由は価格競争力にあった。

当時、自動車１台の価格は2,000ドルを超えていたが、モデルTはわずか850ドルだった。

アメリカ労働者の平均年収が600～700ドルだったことを考慮すると、モデルT以前は、一般労働者にとって自動車は「高嶺の花」だったと言える。

フォードがモデルTを「格安」で提供できた理由は、ベルトコンベヤーを利用した組立ラインシステムを導入し、作業時間を10分の1に短縮したためである。

経済学ではこれを「規模の経済（economy of scale）」という概念で説明する。

　規模の経済とは、生産数が増加するにつれて、１単位あたりの生産コストが減少する現象を指す。

　例えば、JYPのパク・ジニョン代表が自動車工場を建設する場合、大規模な機械設備が必要である。

　高額な初期費用がかかるが、一度大規模な設備が整えば、機械を稼働させるための費用は大きく変わらない。

　つまり、５台を生産しようが10台を生産しようが、電気代などの基本的な生産費用はほぼ同じだということだ。

　高速バスに５人を乗せようが10人を乗せようが、ガソリン代や通行料金に大きな違いがないのと同じ理屈である。

　工場にとっては、生産すればするほど平均生産コストは低くなる。

11-2. ガールズグループに適用された規模の経済

　ガールズグループのメンバー数は市場のトレンドや経済的要素に応じて変動する。

　かつての第１世代ガールズグループであるS.E.S.やFin.K.Lは通常３〜４人で構成されていたが、第２世代になると少女時代やKARAのように５人以上の編成が一般化した。

| Chapter 11 |

　少女時代からTWICEに覇権が移った第3世代では、グループの規模がさらに大きくなった。

　プロジェクトグループであるI.O.I（11人）やIZ*ONE（12人）をはじめ、WJSN（13人）、PRISTIN（10人）など、10人以上のガールズグループが次々と登場している。

　第1世代ガールズグループの平均メンバー数が3.7人だったのに対し、第3世代ガールズグループは10人に近づいている。

第1世代		第2世代		第3世代	
S.E.S.	3	Wonder Girls	5	I.O.I	11
Fin.K.L	4	KARA	5	WJSN (Cosmic Girls)	13
Baby V.O.X	5	少女時代	9	Lovelyz	8
Jewelry	4	T-ARA	6	TWICE	9
M.I.L.K	4	After School	9	PRISTIN	10
平均	3.7	平均	6.8	平均	10.2

〈表11-1〉世代別主要ガールズグループとメンバー数

では、なぜガールズグループの規模は徐々に増加しているのだろうか？その理由には「規模の経済」の原理が含まれている。

　まず基本的な質問から始めよう。
　メンバー数が増えれば、それだけ費用も増えるのか？

　もちろんだ。
　しかし、メンバーが1人増えるたびに費用も頭数で増えるわけではない。
　例えば、4人組ガールズグループを作り、メンバーの宿舎に清潭洞の高級アパートを選んだと仮定しよう。
　4人のメンバーが一緒に住めば、1人当たりの宿舎費用は比較的低くなる。
　もちろん、10人のメンバーが同じ空間で生活する場合は、宿舎の規模や施設がより高額になり、その分追加の費用が発生する可能性がある。
　ただ、それでも各自の負担が分散されるため、全体的な費用増加は大きくないかもしれない。

　別の例を挙げてみよう。
　もし、準備中のガールズグループのメンバーにダンスの腕が不足しており、ダンス講師を1か月間招いて20万円の報酬を支払ったとしよう。
　4人組と6人組では、1人当たりのダンス指導費用が1/4か

Chapter 11

ら1/6に減少するため、1人当たり5万円だった指導費が
33,040円に下がり、約1.7万円のコスト削減ができることになる。

　それでは、メンバーが増えても追加のコストは全く発生しな
いだろうか。もちろん発生する。

　メンバー数が増えるにつれて、マネージャーやスタイリスト
などのスタッフの人数が必要になる（これもまた、事務所の規
模に応じて大きく異なる。予算が限られている小規模事務所で
は、メンバー数が増えてもスタッフを大幅に増やせないことが
多い）。
　さらに、食費も増えるだろう。
　しかし、カロリー摂取量が世界で最も少ないであろうガール
ズグループの食事が、事務所の予算を脅かすことはないだろう。

「少女時代がデビューした時、最初に思ったことは何だと思い
ますか？『移動するには車が2台必要だろうな』という程度で
した」（事務所関係者）

　一方、費用に比べてメンバー数が1人増えるごとに期待でき
る収益は大きくなる。
　まず、ファンダムの増加が期待できる。
　各メンバーを応援するファンが集まり、グループ全体のファ
ンダムが拡大するからだ。

11-3. リンゲルマン効果

　リンゲルマン効果（Ringelmann Effect）は、集団の生産性が人数に比例しない現象を説明する経済学の概念である。
「1＋1＝2」という基本的な数学原則が、社会生活ではしばしば守られないことが多い。
　1人でやっていた仕事に他の人が加わった場合、成果が2ではなく1.5にとどまることもある。

　この現象について、ニッコロ・マキアヴェッリ（Niccolo Machiavelli）は著書『君主論』で、「遠征軍の指揮権を平凡な能力を持つ1人に任せるほうが、優れた能力を持つ2人に分け与えるよりも良い」と指摘している。
　実際、ローマ軍は指揮権を2人の執政官に分け与えて幾度も大敗した経験がある。
　特に紀元前107年、ゲルマン人の侵攻時、カエピオとマリウスという2人の執政官間の対立が原因で、8万人の兵士が全滅した事件があった。

　フランスの農工学教授であるマクシミリアン・リンゲルマン（Maximilien Ringelmann）は、馬車を引く2頭の馬の力が1頭の力の2倍に達しないことを発見し、それを証明するために綱引きの実験を行った。

彼は3人、5人、8人などの人数に応じて綱引きの力を測定し、1人で引っ張った時の力を100％とした場合、2人で引っ張ると93％、3人で83％、8人で引っ張ると49％に減少することを明らかにした。

　これにより、リンゲルマンは集団の規模が大きくなるほど、各個人が貢献する成果が減少する傾向が強まるという結論に達し、この現象を「リンゲルマン効果」と命名した。

　リンゲルマン効果の原因は大きく2つあると言われている。

　1つ目の原因は、メンバー個々人の「モチベーション問題（motivation problem）」だ。

　メンバーが多いほど目標への意識が薄れ、モチベーションが低下し、それに伴い成果も減少する。

　「私1人くらい大丈夫だろう…」という考えが問題である。

　この問題を解決するために、多くの企業が貢献度に応じて報酬を差別化する（多くの労働者は嫌う）成果主義の給与制度を導入している。

　さらに、インターネットショッピングサイト Amazon は「ピザ2枚のルール（Two-pizza Team Rule）」を適用しているという。

　ラージサイズのピザ2枚で1食を賄える6～10人が最適なチームサイズであるという意味だ。

Amazonの最高経営責任者（CEO）であるジェフ・ベゾス（Jeff Bezos）は、「プロジェクトチームが1食でピザ2枚以上を必要とするなら、そのチームは大きすぎる」と語っており、組織が大きくなると官僚化し、イノベーションが生まれにくくなるという哲学を持っているようだ。

2つ目の原因は、役割に関する「調整問題（coordination problem）」である。

幼少期にサッカーをしながら喧嘩になる理由と似ている。

誰もが目立つ攻撃の役割をやりたがるため、ゴールキーパーを誰がやるかで揉め事が起こる。

より目立ち、認められる仕事をしたいという気持ちは自然なことだが、役割分担が適切に調整されないと、意欲を失う可能性が高い。

‖ 11-4. 100人のガールズグループが賢明でない理由

主要ガールズグループの公式Instagramアカウントのフォロワー数とメンバー数を比較した結果、外れ値（突出した値）を除外しても、メンバー数が増えるほどInstagramフォロワー数は減少する傾向が見られた〈図11-1〉。

このようなリンゲルマン効果におけるモチベーション問題や役割に関する調整問題を解決するため、多くのガールズグルー

| Chapter 11 |

プがユニットを作る。

第一に、グループ活動で目立たなかったメンバーの注目度を高めることができる。

第二に、グループ全体での活動では試せなかった役割（センターなど）を担当することができる。

第三に、メンバーの責任感と達成感を高めることができる。

他のメンバーに比べてスポットライトを浴びる機会が少なく不満がたまっているメンバーのケアも可能になり、各メンバーの価値も高めることができるため、一石四鳥、五鳥と言えるだろう。

では、リンゲルマン効果はさておき、100人のガールズグループは本当に不可能なのか？

少し前に、あるテレビ局のプロデューサーに「100人のガールズグループが登場したらどう思いますか？」と尋ねたところ、「とんでもない」と強く否定された。

理想的な発想だが、現実的には無理だというのだ。

まず、ステージの問題がある。

ダンス音楽をベースとするガールズグループの性質上、100人が飛び跳ねるようなステージを収容できる音楽番組は存在しないだろうとのことだった。

106

『プロデュース 101』では101人がステージに立ったが、あれはあくまでプロモーションのための特別なステージだったことを考慮する必要がある。

結局、オーディションを経て11人に絞り、デビューさせたのだ。

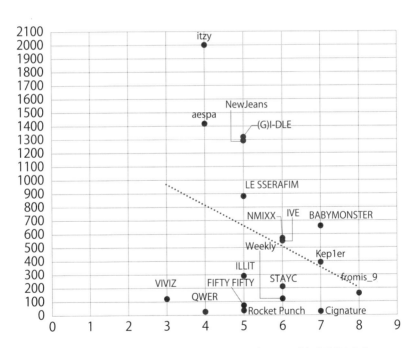

〈図11-1〉ガールズグループのリンゲルマン効果（外れ値〈突出した値〉を除外した値、BLACKPINK、TWICE、tripleSを除外）
Y軸 - 公式アカウントのInstagramフォロワー数（単位：万）X軸 - メンバー数

Chapter 11

11-5. 第4世代ガールズグループ、戦略の転換

　第4世代ガールズグループは、さまざまな面で第2～3世代のグループと差別化されている。

　これまでの公式が大きく変わったのだ。

　そのうちの一つがグループの規模が大幅に縮小した点である。

　第2～3世代のガールズグループは、少女時代・TWICE（9人組）、Lovelyz（8人組）、Apink・AOA（7人組）など、7人以上のグループが多かった。

　WJSNのように13人組のグループも存在した。

　メンバー数は増加傾向にあった。

　しかし、第4世代ガールズグループはこれとは逆の流れにある。BLACKPINKは4人組、LE SSERAFIMは5人組、NewJeansも5人組、FIFTY FIFTYは4人組、そして比較的多いほうとされるIVEですら6人組に「とどまっている」。

〈表11-1_2〉世代別主要ガールズグループとメンバー数

第1世代		第2世代		第3世代		第4世代	
S.E.S.	3	Wonder Girls	5	I.O.I	11	NewJeans	5
Fin.K.L	4	KARA	5	WJSN (Cosmic Girls)	13	IVE	6
Baby V.O.X	5	少女時代	9	Lovelyz	8	BLACKPINK	4
Jewelry	4	T-ARA	6	TWICE	9	aespa	4
M.I.L.K	4	After School	9	PRISTIN	10	LE SSERAFIM	5
平均	4	平均	6.8	平均	10.2	平均	4.8

108

第4世代ガールズグループが規模を縮小した理由には、納得のいく背景がある。

① 少数精鋭 – 高級ブランド戦略

6〜7年前までは、企画会社の多くが「TWICEのようなグループを作りたい」と口を揃えていた。

少女時代に次ぐ、最も完璧なガールズグループだという。

しかし、最近では「BLACKPINKのようなグループを作りたい」という声が多く聞かれる。

第4世代ガールズグループの理想的なモデルはBLACKPINKだ。

メンバーはわずか4人。

4人全員がグローバルなトップセレブである。

ジェニーはシャネル、ロゼはイヴ・サンローランとティファニー、リサはセリーヌとブルガリ、ジスはディオールとカルティエのグローバルアンバサダーとして活躍している。

それに加えて全員がシングルアルバムをリリースし、アメリカのビルボードチャートにランクインするほどの成功を収めた。

かつてなら、ガールズグループ全体で達成するような成果を、メンバー全員が個々で達成しているわけだ。

誰もが憧れる素晴らしい結果である。

しかし、メンバーをこのように一人ひとり成功させるために

は、各メンバーの能力を飛躍的に引き上げる必要がある。

　そのためには、育成からプロモーションまで莫大な時間と努力、そして多額の投資が必要となる。

　10人組のガールズグループでこれが可能だろうか？

　10人全員をこのレベルまで引き上げるには、準備だけでデビューのタイミングを逃す可能性が高いだろう。

　第2〜3世代のガールズグループのプロデューサーたちも、全員がS級なら理想的だとわかっていた。

　しかし、わざわざ全員をそうする必要はなかった。

　7〜10人のメンバーのうち、1〜2人が歌が上手ければ、他のメンバーはダンスやラップを担当すればよかった。

　さわやかで可愛い少女たちがステージを埋めるだけで、市場で通用したのである。

　しかし、今やK-POPの地位が高まり、それに伴って大衆の期待も上がった。

　韓日ガールズグループオーディション『プロデュース 48』では、韓国の練習生と日本の現役ガールズグループメンバーが競ったが、韓国の練習生のレベルが高かった。

　それだけの実力があってもデビューするのが難しいのが、今のK-POPである。

　適当に準備された10人をデビューさせ、うち1〜2人がバ

ラエティ番組で笑いを取ってチームを浮上させうる時代は過ぎ去った。

　BLACKPINKのように全メンバーが高級ブランドにならない限り、注目を集めるのは難しくなったのだ。

　その結果、第3世代ガールズグループの平均メンバー数は8.4人だったが、第4世代では6.5人に減少した。

　つまり、少数精鋭で高級ブランドを目指す市場になったのである。

　同時に、毎年デビューするガールズグループの数の変化も注目に値する。

　ガールズグループのデビュー数は2007年の10チームから徐々に増加し、2018年には48チームでピークを迎えた。

　しかし、その後は減少傾向にあり、2023年にデビューしたのは20チーム。

　もちろん20チームも少なくはないが、十分に準備されたガールズグループだけが生き残るという現実を反映している。

② リスク管理の重要性

「5日、CUBEエンターテインメントは所属アーティストのソ・スジンとの専属契約が解除されたと発表した。

　校内暴力疑惑で活動を中断後約2年ぶりの出来事である。

　昨年1月、あるオンラインコミュニティにスジンを校内暴力の加害者として指摘する投稿が上がった。

投稿者は被害者の姉と名乗り、自身が目撃者であり証人だと強く主張し、スジンの悪行を暴露した」(スポーツワールド2022年3月6日)

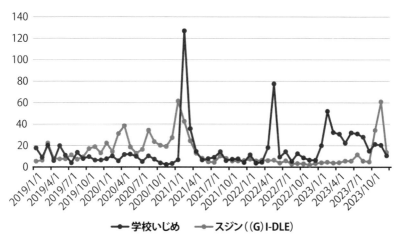

〈図11-2〉校内暴力 vs スジン言及推移（10万件当たり）
(G)I-DLEのスジンに対する校内暴力疑惑が提起された2021年1月の翌月には校内暴力に関するバズ量が大幅に増加した。これは(G)I-DLEのイメージに「校内暴力」が付いて回るようになったことを意味する。(出典：Sometrend, twitter, 2019年1月1日～2023年12月31)

　ここで事件の真相に触れるつもりはない。

　確かなことは、この事件によって、数年間トップクラスで活動していたガールズグループ(G)I-DLEが大きな打撃を受けたという事実だ。

　社会的な公正に対する声が高まる中、芸能人の校内暴力は活動の可否を左右する重要な問題となった。

このような雰囲気は第４世代のガールズグループが次々と登場する時期に広まり、グループごとのメンバー数にも影響を及ぼした。

企画会社の立場からすれば、何とかリスクを最小限に抑えるための方法の一つがメンバー数を減らすことだった。
メンバーが多ければ多いほどリスクも増えるため、むしろ「確実な」少数のみをデビューさせるほうが安全だと考えるようになったのだ。
特に体系的な管理が難しい中小規模の企画会社ほどこの傾向が強い。

昨年デビューしたあるガールズグループの企画会社の関係者はこう語った。

「まずは練習生本人に確認しますが、学校の友人たちを通じて評判もチェックします。実際、デビュー予定だった５人のうち２人に問題が見つかり、結局そのデビューチームを解散して新しいチームを作ってデビューさせました」

将来有望な練習生を大切に育ててきたにもかかわらず、デビュー直前に「校内暴力」が確認されたとしたら、企画会社としては大きな痛手だろう。
そのため、むしろ若い年齢でデビューさせるケースもあると

いう。

才能あふれる練習生であれば、早期に公にすることで論争の可能性を遮断しようという考えだ。

やや過剰な対応に思えるかもしれないが、注目を浴びればトラブルを起こす可能性も減るのは事実だ。

IVEのチャン・ウォニョンは2018年の『プロデュース48』でデビューしたが、当時の年齢はわずか14歳だった。

このことから、所属事務所がチャン・ウォニョンをどれほど大切に扱っていたかが感じ取れる。

K-POPがいつまで隆盛を続けるのかは誰にも分からない。

第4世代ガールズグループが最後になるのか、第5世代が登場して新たな秩序が形成されるのかも未知数だ。

しかし、現在の第4世代ガールズグループは、変化する市場の要求に応えようとするK-POP企画会社の努力によって生まれた産物であることは間違いない。

メンバー数は減少したが、それぞれのスキルは向上し、彼女たちが生み出すパフォーマンスに世界市場が熱狂している。

Chapter12

101人少女たちの競争

ナマズ効果

▌ 12-1. ナマズ効果とは

　イワシはヨーロッパの北海でよく漁獲される、冷たい海に生息する魚である。

　かつてノルウェーでは、漁師たちがイワシを水槽に入れて持ち帰る際、遠くの海から戻る途中で死んでしまうことが多かったそうだ。

　新鮮な状態で持ち帰ると高値で売れるため、漁師たちは船の中でもイワシを新鮮に保つ方法を長い間探し求めていた。

　そして、ついにある漁師が解決策を見つけたが、その方法は意外にも簡単だった。

　それは、イワシが入った水槽にナマズを入れることだった。ナマズの脅威を感じたイワシたちは、ナマズに食べられないよ

うに必死に泳ぎ回り、結果的に何匹かはナマズに食べられてしまったが、生き残ったイワシたちは岸まで新鮮な状態で到達したという。

　ここから由来した「ナマズ効果（Catfish effect）」は、資本主義社会における競争の積極的な効果を説明するためによく使われる用語である。

　ナマズ効果は、競争や脅威的な要素が人々の行動にどのように影響を与えるかを説明する概念であり、人や組織が現状の安定した状態から抜け出し、より大きな成果を生み出す動機づけの要因となる。

　人類学者アーノルド・トインビー（Arnold Toynbee）も「挑戦と応戦の過程」として人類の歴史を説明する際、このナマズ効果を多く引用している。

12-2. ホンダ・ヒトミと『PRODUCE 48』のナマズ効果

12-2-1. ヒトミの始まり

「絶対に諦めません」。

　2018年の日韓オーディション番組『プロデュース 48』第8回、2次順位発表で、ホンダ・ヒトミ（本田仁美）が熾烈な競争の中で決然とした覚悟を示しながら発した言葉だ。

　ヒトミは『プロデュース 48』が生んだ代表的なシンデレラ

である。AKB48が韓国ケーブルテレビMnetで企画した『プロデュース 48』に参加することが発表された際、最も注目を集めたのはやはりミヤワキ・サクラやマツイ・ジュリナのようなAKB48のスターたちだった。

　彼女たちは日本の48グループの総選挙で常にトップ10にランクインするほどの人気を誇り、ちょうど『プロデュース 48』が放映された2018年にも総選挙1位を争う熾烈な競争を繰り広げていた。

　他にも注目を集めたメンバーを挙げるなら、NMB48の看板スターだったシロマ・ミル（白間美瑠）や、AKB48の次期キャプテンとして有力視されていたタカハシ・ジュリ（高橋朱里）などがいた。

　一方で、これまで総選挙で100位内に一度も入ったことのない、AKB48チーム8出身のヒトミに注目した人はほとんどいなかったと言っても過言ではない。

　実際、オーディションが始まった直後のランク付け評価でも、ヒトミは3番目のランクであるCクラスだった（サクラはAクラス）。

　しかし、『プロデュース 48』のすべてのオーディションを終えた後、デビュー組12名に入ったのは、ジュリナでもミルでもなくヒトミだった。

　何が起こったのだろうか。

12-2-2. 熾烈な競争がもたらしたプラスの変化

　番組第３回が終わった時点で、Ｃクラスにいたヒトミを指導していたダンストレーナーは「ヒトミは確実に伸びる」と評価した。当時、多くの人がこの評価に疑問を抱いたが、結果的にこれは予言となった。

　ヒトミが際立っていたのは、韓国と日本を行き来する過酷なスケジュールの中でも、振り付けをほとんどすべて覚え、それを韓国の練習生に教える姿だった。
　最初の審査でＣクラスに割り振られた際も「振り付けだけならＡクラス」という評価を受けており、彼女はダンスにおいて際立つ才能を持っていたのだ。
　実際、ヒトミは小学校６年間チアリーディングスクールに通い、様々なダンスを学んでいたという。
　つまり彼女はダンスにおいて一定の競争力を持っていたのだ。

　日本で大きく注目されなかった才能が、韓国のオーディション番組で花開いたのは、やはり熾烈な競争が彼女の生存本能を引き出した結果だったのではないだろうか。
　『プロデュース 48』は、短期間で自分の強みを最大限に引き出さなければデビュー組に入れない過酷な競争システムだった。

　知名度も、歌唱力も、ルックスも他のメンバーに比べて特段目立っていなかった彼女は、激しい努力を通じて自分の武器で

101人少女たちの競争 - ナマズ効果

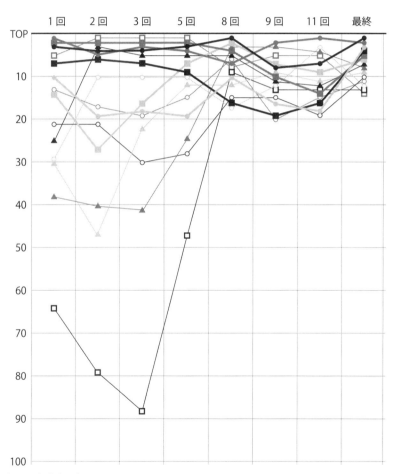

〈図12-1〉『プロデュース48』で順位が急上昇した出演者たち

Chapter 12

あるダンスの実力をアピールし、歌唱力も高めた結果、最終的に IZ*ONE としてデビューを果たした。

　2022年5月の日本メディアとのインタビューで、ヒトミは「韓国ではすべて自分でやらなければならず、心を強く持つようになりました。韓国語は分かりませんでしたが、生き残るために必死に勉強し、その環境が成長を促してくれました」と語っている。

　IZ*ONEでの活動を終え、AKB48に戻った彼女は、同じ2022年5月、人生初のセンターを務めた。

　このように、競争環境が個人の成長をどのように促すかが、『プロデュース 48』の事例を通じて確認できる。

12-3. ナマズ効果の心理的メカニズムと限界

　もちろん、ナマズ効果に対する反論も少なくない。

　アメリカのある研究所の報告書によると、ヤゴ（トンボの幼虫）をその天敵ブルーギルの隣で育てたところ、仕切りがあって実際には危険がないにもかかわらず、ヤゴの死亡率はブルーギルがいない時と比べて 4 倍も高かったという。

　研究者たちは、ストレスによってヤゴの体内の免疫力が弱まった結果だと結論づけた。

　ナマズ効果だけを強調するのではなく、生存を求める過酷な

競争環境が続くことで、最終的には精神的および肉体的に消耗し、活力を失ってしまうケースもある、ということも考慮すべきだ。

このような競争はしばしば個人の生活に深い影響を与える。

例えば、華やかなアイドルの外見だけを見て憧れる人もいるが、実際には、彼女たちは誰も保証してくれない明日や、いつ解雇されるか分からない不安な未来に対して、すべてを捧げている人々だ。

下図は、アイドルグループとしてデビューするまでに、上位に行くほど競争が激化する構造を示している。

1,000人の志望者の中から、最終的にデビューできるのはほんの一握りであり、その過程でどれだけの競争を経る必要があるかがわかる。

このように、一般的にアイドルグループとしてデビューするまでには、大きく分けて３段階の「挑戦と応戦」の過程を経な

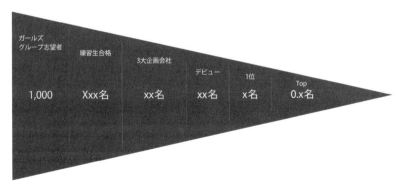

〈図 12-2〉ガールズグループにおける競争

け««ばならない。

　まず、多くの場合、数十倍、多い時には数百倍の競争率を乗り越えて、事務所の練習生として合格する必要がある。

　そして、デビューするまでの間、事務所内で他の練習生との競争が続く。HYBEやSM、JYPといった韓国の大手事務所では、「デビュー後よりもデビュー前の競争のほうが熾烈だ」という言葉が出るほどである。

　例えば、少女時代のヒョヨンは7年間練習生生活を送り、TWICEのジヒョは10年近くも練習生だった。

　しかし、夢見たデビューを果たした後も、状況はそう簡単には変わらない。

　毎年デビューする新たなアイドルグループに加え、すでに確固たるファン層を持つ先輩グループとも競争しながら生き残っていかなければならないのだ。

　そんな環境のなか、ちょうど食欲が旺盛な10代から20代の年齢にもかかわらず、体型を維持するために食事を制限し、スキャンダルを防ぐために恋愛を禁止され、少ない睡眠時間の中で過酷な生活が続く。

　これにより、ガールズグループのメンバーの中には、極度の精神的ストレスを訴えて突然倒れて病院の緊急室に運ばれたり、パニック障害を患ったり、さらには薬物に手を出してしまう者もいるという。

12-4. 競争は人類への祝福

　人類学者たちが伝える人類の発展過程は非常に興味深い。

　アフリカに現れた初期の人類も、他の類人猿と同様に森林で暮らしていたが、10万年前に気候変動が起こり、森林が消え、草原に取り残されることになったという。

　草原は、猛獣からの自然の防壁となっていた森林とは違っていた。

　自分たちを守るためには、遠くを見渡し、危険を察知する必要があり、遠くを見るためには立ち上がる必要があった。

　ここから直立歩行が始まったのだ。

　しかし、直立歩行だけでは不十分だった。

　人類はライオンのように鋭い爪や歯を持っておらず、馬のように速くもなく、鳥のように飛ぶこともできなかった。

　他の動物と比べると、人類は多くの弱点を抱えていた。

　巨大な肉食動物が食べ残した死体を食べ、かろうじてタンパク質を補給するほどの、ささやかな存在だったと言われている。

　そのため、他の動物との競争に打ち勝つために、人類は互いに協力せざるを得なかった。

　そして長い年月を経て、この協力が組織的な教育や学習へと発展し、人類が他のどの動物よりも優れた存在へと成長したというわけだ。

| Chapter 12 |

　K-POPもまた、欠点が少なくなかった。

　まず、韓国語は世界的に広く通用する言語ではなく、韓国の大衆音楽が海外で大きな人気を博したことは、PSYの「江南スタイル」を除けばほとんどなかった。

　このような状況の中で、アメリカや日本、イギリスのような音楽強国との競争に打ち勝つための最初の武器は、集団ダンスだった。

　少女時代やSEVENTEENのようなグループのパフォーマンスを見ると、複数人で行うダンスが完璧に揃っている。

　海外ではとても真似できないレベルで、これは彼女らが1日10時間以上のグループ練習を経てきたからこそ可能だったのだ。

　K-POPは、協力し合う集団ダンスを進化させ、世界中の人々の目を引き、「聴く音楽」から「見る音楽」の時代を切り開いた。「聴く音楽」だけでは競争に勝てないと見込んでいた彼女らにとって、ちょうどその時期に通信技術やYouTubeのような動画プラットフォームが急速に成長したことは、幸運であったと言える。

　しかし、何よりも、激しい競争の中で生まれた音楽であることは間違いない。

　過酷な競争がなければ、今のK-POPは存在しなかっただろう。

　人類が環境の変化に直面し、協力して生き残ってきたように、K-POPグループも競争と協力を通じて世界的な成功を収めたのだ。

Chapter13

いつデビュー（カムバック）すべきか
ナッシュ均衡

13-1. ナッシュ均衡 (Nash Equilibrium)

　ナッシュ均衡（Nash Equilibrium）は、アメリカの数学者ジョン・ナッシュ（John Forbes Nash Jr.）が1950年に開発したゲーム理論の一つの概念である。

　これは、互いに協力しない状況で、各プレイヤーが自分にとって最善の選択を行い、さらにその選択を変える必要がない状態を指す。

　つまり、他のプレイヤーの選択に関係なく、自分の選択が最善だと感じられる場合、それがナッシュ均衡の状態である。

　この概念は、競争する２つのグループが、最悪の結果を避けるために合理的な選択をする際に見られる。

　この理論を理解しやすくするために、ゲーム理論の古典的な

Chapter 13

例である「囚人のジレンマ（Prisoner's Dilemma）」で説明しよう。

　犯罪をともに犯したＡとＢが警察に逮捕された。警察は証拠を押さえていないため、唯一の頼りは犯人の自白である。
　この時、２人がともに犯罪を否認すれば、証拠不十分で軽い犯罪の容疑で３か月だけ服役して出所できる。
　しかし、どちらか一方だけが自白すれば、自白した者は１年の刑期で済むが、否認した者は５年の刑を受けることになる。
　さらに、両方が自白すれば、２人とも３年ずつ服役することになる。

〈表13-1〉囚人のジレンマ（Prisoner's Dilemma）

		B	
		否認	自白
A	否認	3か月、3か月	5年、1年
	自白	1年、5年	3年、3年

　この状況で、彼らはどんな選択をするのだろうか？

　理論上、最も理想的なのは両者が否認することであり、そうすれば３か月だけ服役して出所できる。
　しかし、犯罪心理学者の研究や統計によれば、こうした場合、両者が自白するケースが多いという。
　これは、お互いに相手が最後まで否認し続けると確信できないためである。

ハリウッド映画などで警察が「偽の自白録音」を使用し、それぞれ隔離された共犯者に対して「見ろよ、チャーリーはもう全部認めたんだ。ここでお前がしらを切り続ければ、刑期が延びるだけだぞ」というような、もっともらしい嘘を使って自白を引き出すシーンがあるが、これも同じ理由に基づいている。

ナッシュ均衡は、あくまで与えられた状況下で合理的、つまり被害を最小化する選択を導くものであり、最大の利益を保証するものではない。

ナッシュ均衡の事例は、第一次世界大戦期の国際情勢の緊張が高まる過程を説明する際にも有用な枠組みとして使われる。

第一次世界大戦はよく知られているように、セルビアのテロリスト青年がオーストリア＝ハンガリー帝国（以下オーストリア）のフランツ・フェルディナント（Franz Ferdinand）大公を暗殺したことから勃発した。

オーストリアはセルビアに対して直接捜査を要求し、セルビアは内政干渉として拒否、オーストリアは宣戦布告を行い（セルビア攻撃）、これに対してロシアがオーストリアに宣戦布告するという国際戦争へと発展した。

第一次世界大戦に至るまでの過程では、オーストリアとロシアには選択の余地があった。

この状況をゲーム理論の枠組みで実装すると次のようになる。

Chapter 13

〈表13-2〉 オーストリアとロシアの選択肢

		オーストリア	
		保留	攻撃
ロシア	保留	4、1	1、4
	攻撃	2、2	3、3

　ここで数値の大きさには特別な意味はない。

　各国が好む選択肢を数値化しただけであり、4点が2点より2倍重要ということではない。

　当時、オーストリアにとって、皇太子が暗殺されたため、国家のプライドもかかっており、バルカン地域でセルビアを黙って見過ごすのは困難な選択であった。

　そのため、セルビアに対する攻撃を好んだ（4または3点）。

　一方、ロシアの状況は少し複雑だった。

　日露戦争（1905年）の衝撃からまだ立ち直れていないロシアは、国力を消耗する戦争よりも現状維持を好んだ（4点）。

　しかし、オーストリアがセルビアを占領するのをそのまま見過ごすと、バルカン半島での影響力を失う可能性があった。

　自分が何もしないまま相手だけが動くのは最悪の結果である（1点）。したがって、戦争を望んでいなかったが、攻撃を選択せざるを得なかった。

　これが最終的に両国を戦争へと導いたのである。

13-2. ガールズグループのカムバック時期とナッシュ均衡

　ガールズグループがカムバック時期を決定する際、お互いのカムバック日を避けようとする行動は、ナッシュ均衡の代表的な例である。

　ライバルグループが同じ時期に活動を開始すれば、注目が分散され、双方にとって損失となる可能性が高い。
　したがって、各グループは相手の動きを注意深く観察し、時期を調整することが戦略的に有利だ。

　ここで、AガールズグループとBガールズグループを例にしてみよう。両グループがカムバック時期を巡って対立している。
　同じ時期にカムバックすると、ファンやメディアの関心が分散し、双方の成果が期待よりも低くなる可能性がある。
　したがって、どちらかがカムバックを遅らせることが戦略的に有利になる。
　しかし、相手がどのような決定を下すか分からない状況では、慎重な選択が求められる。

　AグループとBグループの選択肢と結果を表に示すと、次ページの表のようになる。

Chapter 13

〈表13-3〉Aガールズグループと Bガールズグループのナッシュ均衡

		Bグループ	
		強行	延期
Aグループ	強行	−5,000万、−5,000万	5,000万、−1,000万
	延期	−1,000万、　5,000万	−1,000万、−1,000万

・両者が強行した場合：両グループが同時にカムバックを強
　行すると、ファンの関心が分散し、互いに損失を被る。こ
　の場合、それぞれが5,000万円の損失を被ることになる。

・Aが強行、Bが延期した場合：Aがカムバックを強行し、B
　が延期すると、Aは大衆の注目を集めて5,000万円の利益
　を得るが、Bは1,000万円の損失を被る。逆も同様である。

・両者が延期した場合：両グループがカムバックを延期する
　と、それぞれが1,000万円の損失を被るが、この損失は後
　のカムバックで十分に取り戻せる範囲だ。

　この状況では、両グループとも相手の選択が分からないため、
最も合理的な選択は両者がカムバックを延期することだ。

　延期すれば1,000万円の損失だけで済み、後のカムバックで
5,000万円の利益を得ることができる。

　これは、慎重に状況を考慮した結果導き出される「ナッシュ
均衡」の典型例である。

　このような理由から、中小規模の事務所に所属するガールズ
グループは、事前にカムバック時期を決め、準備を完璧に整え

ていたにもかかわらず、BLACKPINKやNewJeansといった大手グループとぶつかることを避けるために、予定を変更することが少なくない。

　特にガールズグループのデビュー時期を決定することは非常に重要である。
　ガールズグループの覇権を握った少女時代でさえ、デビュー時期の選択に失敗したケースの一つだ。
　デビュー当初は苦戦し、ライバルグループであるWonder Girlsの「Tell Me」ブームに押され、しばらくは2位のポジションに甘んじていた。

　JYPが満を持して送り出したNMIXXも、2022年のデビュー時にちょうどKeplerとLE SSERAFIMにぶつかってしまったのが不運だった。

　KeplerとLE SSERAFIMはデビュー曲がわずか12日でチャート1位を獲得するという驚異的な成績を残した。
　これは現在も破られていない記録であり、結果として大衆の関心はこの2つの新星グループに分断され、NMIXXは注目を集めることが難しかった。

　さらに悪い例もある。
　デビューアルバムをリリースした時期に、少女時代の「Gee」

とバッティングしたBrand New Dayというガールズグループ
は、 大衆に何の印象も残すことなく静かに姿を消した。
　このようなグループは実際には非常に多い。

　2009年の1月から2月にかけて、Brand New Dayだけでなく
Gavy NJも、運悪く少女時代の「Gee」と同時期に新曲を発表
した。
　また、少女時代の「Into the New World」のリミックス版も
Wonder Girlsの「Tell Me」と同時期にリリースされ、Brown
Eyed GirlsのミニアルバムもPsyの「Gangnam Style」と同じ週
に発表されるなど、競合ヒット曲の影響で注目を集めるのが難
しかった。

　特に、大型ガールズグループが一斉にデビューした2022年
を振り返ると、先に述べたように、この年にはKep1er、NMIXX、
LE SSERAFIM、NewJeansといった注目すべきグループが次々
とデビューした〈表13-4〉。

　NMIXXは2022年の上半期にはIVEに、下半期にはLE SSERAFIM
とNewJeansに認知度を奪われたと見ることができる。特に、
2022年10月はLE SSERAFIMの「ANTIFRAGILE」とNewJeansの
「HYPE BOY」が大ヒットし、最も注目を集めた時期だった。
　2021年に好成績を収めたaespaも、2022年にはその影響力を
十分に発揮できなかった。

いつデビュー（カムバック）すべきか - ナッシュ均衡

〈表13-4〉2022年デビューの主要ガールズグループタイムライン

	IVE	LE SSERAFIM	NewJeans	NMIXX	Kep1er	VIVIZ
2021年12月	ELEVEN （デビュー）					
2022年1月					WA DA DA （デビュー）	
2022年2月				0.0 （デビュー）		BOB BOB （デビュー）
2022年3月						
2022年4月	Love Dive					
2022年5月		FEARLESS （デビュー）				
2022年6月						LOVE ADE
2022年7月						
2022年8月	AFTER LIKE		ATTENTION （デビュー）			
2022年9月						
2022年10月		ANTIFRAGILE	HYPE BOY	DICE		
2022年11月						
2022年12月						

　この表には記載されていないが、イム・チャンジョンがプロデュースしたことで話題を集めたmimiiroseのデビュー時期は2022年9月であり、ちょうどIVE、LE SSERAFIM、NewJeansが最大の注目を集めていた時期に重なっている。

　これらのグループがデビューアルバムを発表した時期はそれぞれ異なり、Kep1er（1月）、NMIXX（2月）、LE SSERAFIM（5月）、NewJeans（8月）となっている。
　互いに意識し合っていた可能性もあるだろう。

Chapter 13

〈表13-5〉2022年、週間チャートトップ10入りの回数（ガールズグループ別）

グループ名	IVE	NewJeans	(G)I-DLE	BLACKPINK	LE SSERAFIM
回数	63	50	34	17	17

　2022年は、新しくデビューした第4世代ガールズグループの
NewJeans、LE SSERAFIM、IVEが成功を収めた年だった。
　この年にデビューした他のガールズグループにとっては、音
源チャートで大衆性を獲得することが不利な状況だった。
　（この時期は、IZ*ONEが解散し、IZ*ONE出身のメンバーたち
が次々と新しいグループとしてデビューした時期でもある。）

　このように、ナッシュ均衡は、与えられた状況で各プレイヤ
ーが自らの損失を最小限に抑える選択をするよう導く強力な理
論だ。
　ガールズグループがカムバックの時期を調整する理由もここ
にある。
　競争が激しい市場では、相手の動きを考慮しないと大きな損
失を被る可能性があるためだ。

Chapter14

『プロデュース 48』に熱狂した理由 イケア効果

14-1. プロデュース 101 とイケア効果

　ハーバード大学のマイケル・ノートン（Michael Norton）教授とデューク大学のダン・アリエリー（Dan Ariely）教授は、参加者に折り紙を作らせ、完成した作品をオークションにかけるという実験を行った。

　その結果、参加者は自分が作った作品に対して特別な愛着を感じ、たとえより高い金額を支払ってでも、自分が作った作品を落札しようとする傾向が見られた。

　ノートン教授はこの現象を「イケア効果（IKEA Effect）」と説明し、人々が手間をかけて組み立てるイケアの家具を好む理由もこれと同様であると分析した。

Chapter 14

　イケアは1943年に設立され、世界最大の家具会社として約14万人の従業員を擁している。イケアの成功要因は低価格に加え、顧客が自ら家具を組み立てるDIY（Do It Yourself）方式にある。

　顧客が組み立てに関与することで、家具に対する愛着や満足感が高まるという。

　このイケア効果は、ケーブルテレビMnetの『プロデュース』シリーズにも見られる。

　『プロデュース48』放送当時、多くの視聴者は自分が応援する練習生を1位にするため、友人に投票を依頼し、熱狂した。

　視聴者はまるで自分が作り上げた作品に愛着を感じるように、自ら選んだ練習生の成功を自分自身の成果のように感じ、感情的に没入したのである。

　その結果、『プロデュース48』で最終順位12位以内に入った練習生たちは、ガールズグループIZ*ONEとしてデビューし、日本と韓国の両国で高い人気を得た。

　IZ*ONEの人気はある程度予想された結果でもあった。

　というのも、日本で知名度の高い48グループの有名メンバーが参加し、さらに『プロデュース』シリーズはすでに韓国で話題性が検証された人気番組であったためである。

　この現象は2016年前に放送された『プロデュース101』でも

類似していた。

当時の参加者たちはまだ未熟な練習生であったが、番組が終わる頃には先輩たちに引けを取らない、あるいはそれ以上の知名度を得るようになった。

これによってデビューしたガールズグループI.O.Iは、各種音楽番組で1位を獲得し、その人気を証明した。

14-2. 『プロデュース101』におけるバンドワゴン効果

バンドワゴン効果（Bandwagon Effect）とは、政治の分野でよく用いられる概念であり、有利な候補者に投票者が集中する現象を指すものである。

1848年、アメリカのある道化師が選挙運動で楽隊が乗った馬車（バンドワゴン）を利用したところ、人々が集まり、政治家たちもその馬車に便乗するようになったことから由来している。

2024年のアメリカ共和党大統領候補予備選でもこの現象が顕著に見られた。

当初、予備選ではフロリダ州知事のロン・デサンティスやサウスカロライナ州前知事のニッキー・ヘイリーが、ドナルド・トランプ（Donald Trump）前大統領の強力な対抗馬となると予想されていた。

しかし、いざ予備選が始まると、デサンティス知事は早々に

脱落し、1対1の構図を作ることに成功したヘイリー前知事も次第に勢いを失っていった。

トランプの「大勢論」によるバンドワゴン効果に巻き込まれた結果である。

『プロデュース』シリーズにおいても、このバンドワゴン効果が顕著に現れていた。

番組の序盤では順位変動が激しかったが、放送が進むにつれて上位圏の順位はほぼ固定された。

視聴者は自分が支持していた練習生が脱落すると、より勝算の高い他の練習生に支持を移す傾向が強かったのである。

これは、選挙における「勝ち馬に乗る」という心理と似たものである。

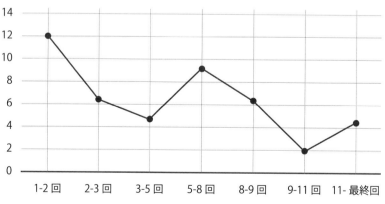

〈図14-1〉プロデュース48参加者（TOP 50）の回ごとの順位変動指数の推移

回が進むにつれて参加者の順位変動が少なくなり、順位が固定化されていく。

上位圏は上位圏のまま、下位圏は下位圏のまま残り、上位圏に投票が集中する現象が見られる。

いずれにせよ、『プロデュース』シリーズの成功は、現代社会において「参加」と「コミュニケーション」がどれほど重要であるかを改めて示した。

通信技術の発展により、かつては存在しなかった新しい形式の参加が増えている。

さまざまな賞の審査においても、かつては著名な審査員のみによって決定されていたが、今ではモバイルやインターネットを通じた一般人の参加が増えている。

したがって、現在は「市民参加」をいかに適切に活用するかが成功の要因の一つといえる時代である。

ただし、このようなプロセスが必ずしも最適な結果に結びつくかどうかについては、依然として議論が続いている。

Chapter15

IZ*ONE は
最適の組み合わせだったのか

クラウドソーシング

15-1. 集合知を活用したクラウドソーシング (Crowd Sourcing)

　クラウドソーシングは、「大衆(crowd)」と「外部発注(sourcing)」を組み合わせた言葉で、一般の人々からアイデアや意見を集めて問題を解決したり、新しいサービスを生み出す手法を指す。

　この方法はコスト削減ができ、集団知性を活用できるという点で様々な分野で利用され、好意的な反応を得ている。

　多くの企業が外部からアイデアを得るためにコンペを開催することも、クラウドソーシングの代表例である。

　これは、内部で発掘するのが難しい斬新で独自のアイデアを得るための良い方法だ。

　クラウドソーシングを専門とする企業も存在する。

　アメリカの研究開発系オンライン仲介サイト「InnoCentive」

はその代表例で、企業が自社で解決できない研究開発課題をここに依頼すると、15万人の科学者が自分のソリューションを提示し、アイデアが採用されれば報酬を受け取るという仕組みになっている。

このように、情報通信技術の発展によって21世紀は大衆の参加がかつてないほど際立つ時代となった。

▌15-2. I.O.I はドリームチーム、しかしベストチームではない

『プロデュース』シリーズはクラウドソーシングの代表的な事例である。

視聴者が「国民プロデューサー」として練習生を選抜し、最終的なデビューメンバーを決定するこのシステムは、大衆の参加を最大化して大きな人気を集めた。

視聴者は自分が選んだ練習生の成功をあたかも自分の成果のように感じ、番組に熱中した。

しかし、クラウドソーシングが常に最適な結果をもたらすとは限らない。

『プロデュース101』で選ばれたガールズグループI.O.Iは大衆に愛されたが、チームの構成面では課題があった。

11人のメンバーの中でメインボーカル、ダンサー、ラッパーの役割分担が明確でなく、多くのメンバーがサブボーカル（ビジュアル担当）に集中していた。

これは大衆の投票によって選ばれた結果であり、チームのバランスよりも個々のメンバーへの人気が反映されたものだった。

そのため、パフォーマンス面では少し物足りなさが残った。

しかし、こうした批判的な評価にもかかわらず、I.O.Iは大成功を収めた。

デビュー曲「Dream Girls」をはじめ、「Very Very Very」や「Whatta Man」など、リリースするたびにチャートを席巻した。

人気の指標となるCM出演を見れば、その成功が一目瞭然だ。

I.O.Iは2016年に10本のCMに出演し、ガールズグループの中で2番目に多く広告に登場したグループとなった。

当時、I.O.Iに対して厳しい評価をしていたあるエンターテインメント関係者に再会し、「I.O.I、かなり成功していますよね？」と少し皮肉っぽく聞いたところ、彼は笑いながら「もともと専門家の評価が低い映画って、意外と面白いことが多いんですよ」と答えた。

その言葉を思い返すと、確かにその通りだと思った。

15-3. IZ*ONE は果たして最適の組み合わせだったのか

『プロデュース48』を通じてデビューしたIZ*ONEは、I.O.Iと比べて役割分担がしっかりしていたが、韓国の投票によって進行されたため、韓国人中心の人気投票に近い結果となった。

そのため、比較的情報が少なかった日本人メンバーが不利な

立場に置かれることがあった。

　最終的に合格したメンバーは韓国人９人、日本人３人だったが、実力がありながらも脱落した日本人メンバーもおり、これには多くの残念な声が上がった。

　例えば、ジュリ（高橋朱里）はその後、韓国の事務所にスカウトされ、別途デビューを果たした。

　韓国人メンバーも同様で、実力がありながらも番組での露出が少なかったり、編集によって他のメンバーより目立たなくされるケースがあった。

　この問題は、『プロデュース』シリーズ終了後も長く論争の的となった。結局、プロデューサーの意図でフィルターがかかった限られた情報の中で、視聴者がガールズグループを選んだ結果だったのである。

　IZ*ONEは３年間、韓国と日本の両国で成功した活動を展開した。

　アン・ユジン、チャン・ウォニョン、サクラ、キム・チェウォンなどはIZ*ONE解散後もIVEやLE SSERAFIMとして活躍し続けている。

　しかし、何人かのメンバーはその後、ガールズグループや歌手としての活動を続けられなかった。

〈図15-1〉IZ*ONE（出身）韓国人メンバー及び日本人メンバーの言及比率比較
（出典：Sometrend, Twitter, 2018-2022）

15-4. クラウドソーシングの限界と可能性

　I.O.IとIZ*ONEは、メンバー選抜権を大衆に委ねた結果として誕生したガールズグループである。

　前述の「IKEA効果」で説明した通り、彼女たちは自分を作り上げた大衆から大きな支持を受けたが、チームのバランスや完成度の面で一部の限界が浮き彫りになった。

　一方で、少女時代、BLACKPINK、NewJeans、aespaといったグループは、徹底的に事務所によって選抜されてデビューしたガールズグループである。

彼女たちが選ばれる過程はベールに包まれており、K-POPの
エリート層、例えばイ・スマンやヤン・ヒョンソク、ミン・ヒ
ジンのようなトッププロデューサーと内部の運営陣の判断によ
って選出された。

　どちらの方が優れたガールズグループかは人それぞれの基準
によるが、パフォーマンス能力やチームの完成度を考慮すると、
正直なところ後者が優れていると感じるのが率直な気持ちであ
る。

　クラウドソーシングは、21世紀の技術革命がもたらした、
より公正で民主的な選択肢を見つけるための手法であることは
間違いない。
　特に今日のように社会が分断され、対立が深まる時代におい
ては、合理的な選択を行うための指針となるかもしれない。
　しかし、それが常に最適な結果をもたらす「万能の鍵」であ
るという幻想だけは避けなければならないだろう。

Chapter16

ボーイズグループより ガールズグループの曲が 知られている理由

アイデンティティ経済学

16-1. アイデンティティ経済学

アイデンティティ経済学とは、人の経済的決定において、民族、性別、職業、価値観といったアイデンティティが大きな影響を与えるという概念である。

これは、個人の経済的な判断（例えば消費や投資の選択）が単なる数字や収益率だけに限定されず、そこに彼らのアイデンティティがどのように作用するかを説明する。

16-2. K-POPガールズグループの人気と限界

ガールズグループは伝統的に男性ファンを中心に成長してきたが、近年では女性ファンの間でも強力な支持を得ている。

これは、BLACKPINK、(G) I-DLE、aespaといったグループが

女性の主体性や能動性を強調する楽曲を歌うことで顕著になっている。

　ガールズグループは、男性ファンだけでなく、女性をターゲットにしたコンテンツを制作することでファン層を拡大し、その経済的成功にも良い影響が出ているのだ。

　しかし、依然としてボーイズグループに比べると市場での存在感は弱い。

　例えば、過去と比較して最近のガールズグループのチャート成績は低迷することが多く、これはファンダムの結束力の違いからくると考えられる。

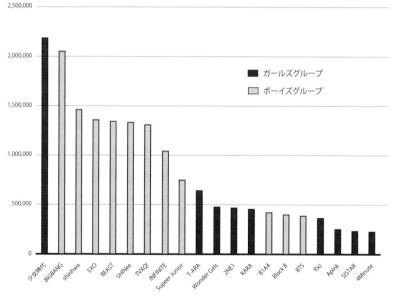

〈図16-1〉Naverブログにおけるガールズグループとボーイズグループの言及量 (2008-2016.10)

Chapter 16

〈図16-1〉から分かるように、第2世代期に国内で活動して
いたアイドルの中で最も言及量が多かったのは少女時代である。
　しかし、少女時代を除いた他のガールズグループは、ボーイ
ズグループに大きく差をつけられていた。

　例えば、日本で特集ドラマを撮るほどの人気を集めたKARA
や、次世代ガールズグループのリーダーとして注目された
Apinkも、デビュー後一度も音源1位を獲得したことがない
B1A4やBlock Bと同じレベルにとどまっていた。
　また、ボーイズグループの場合、1位のBIGBANGを除き、他
グループとの格差はそれほど大きくない。
　このような現象は今でも同様で、BLACKPINKやTWICEがい
くら世界的に人気を集めていても、アルバム販売量では、それ
ほど有名ではないボーイズグループが圧倒的な優位を保ってい
る〈表16-1〉。

　この理由は、アイデンティティ経済学で説明できる。
　K-POPガールズグループの人気が高まるにつれ、これらのグ
ループを好きになる人々が経済的な決定を下す際、性別によっ
て異なる視点を持つことが多い。
　「おじさんファン」という表現が使われるようになり、男性フ
ァンがガールズグループに対してお金を使うことをためらう現
象も観察されている。

148

〈表16-1〉2021年K-POPアイドルアルバム総販売量

アルバム消費の規模においても、ガールズグループよりボーイズグループのファンダムが強い影響力を持っている。太字はボーイズグループ。（第3世代アイドル基準）

順位	アーティスト	総販売量
1	**NCT**	10800134
2	**BTS**	8534870
3	**SEVENTEEN**	4390394
4	**EXO**	3216812
5	**Stray Kids**	2701338
6	**ENHYPEN**	2443555
7	**TOMORROW X TOGETHER**	2359824
8	**ATEEZ**	1884419
9	TWICE	1830137
10	BLACKPINK	1742154
11	**THE BOYZ**	1452425
12	ITZY	955345
13	**MONSTA X**	900774
14	**SUPER JUNIOR**	858633
15	**SHINee**	817880
16	Red Velvet	747843
17	**ASTRO**	727334
18	aespa	574445
19	IU	434141
20	**TREASURE**	429157
21	**SF9**	412533
22	**ONEUS**	396337
23	**ONF**	392352
24	**CRAVITY**	357802
25	MAMAMOO	356910
26	**Kang Daniel**	320129
27	**Golden Child**	304402
28	STAYC	291300
29	IVE	268396
30	**AB6IX**	266399

Chapter 16

　これは、韓国社会において「成人男性がガールズグループを
応援すること」に対する否定的な認識が依然として存在するた
めである。

　2010年代初頭、少女時代の旋風で「おじさんファン」が登
場した際、これを扱った研究論文が数多く発表された。
　そこには「退行的ロリータ・コンプレックス」という言葉が
しばしば登場した。
　同じようにアイドルコンテンツにお金を払っていたとしても、
それを受け取る社会の尺度は異なる。
　女性が自分より若い男性アイドルに夢中になるのは一つの文
化現象とされるが、男性が若い女性アイドルに夢中になると、
道徳的に批判されるべきだという視点が顔を出す。
　これは「性の商品化」という社会の敏感かつ根深い何かが作
用しているからであろう。
　このように、性別や年齢は、経済的な決定に大きな影響を与
える。

16-3. 男性ファンと女性ファンの違い

　K-POPのファンダムは、ボーイズグループとガールズグルー
プの間で顕著な違いを示している。
　ボーイズグループのファンは、主にアイドルの外見や魅力を
重視する傾向があり、ガールズグループのファンは大衆性や楽

150

曲の質を重視する傾向が強い。

　例えば、JYJのキム・ジュンス（シアジュンス）のような男性アイドルは、参加費約10万円のファンミーティングを開催し、女性ファンの圧倒的な支持を受けている。
　一方で、ガールズグループの男性ファンは、経済的な決断を下す際により慎重になる傾向がある。

　アイドルが進出しているミュージカルでも、ファンダムの熱意の違いは明らかである。
　以前、『三銃士』というミュージカルを観に行った際、入り口には、出演していたSuper Juniorのキュヒョンに贈られたファンからの贈り物がたくさん並んでいた。
　一方、後日『風と共に去りぬ』を観に行った時は、出演していた少女時代のソヒョンに贈られた贈り物は全く見られなかった。

　客席の占有率においても、女性ファンの購買力が優れていることは公然の秘密であり、ギャラにも大きな差が生じる。
　それは、アイドル出身でそれぞれ男女の最高ギャラを受け取っているキム・ジュンスとオク・ジュヒョンの例を見てもわかる。
　業界関係者によると、キム・ジュンスは1回の公演で300〜400万円、オク・ジュヒョンは90〜120万円を受け取っている

とのことだ。

これに対して、ある公演関係者は「男性アイドルは公演の宣伝がほとんど不要だ。ファンが自発的に客席を埋めてくれるため、その分宣伝費を節約できることを考えれば、彼らのギャラは高すぎるとは言えない」と話している。

16-4. 女性にアピールするガールズグループ

そのため、第4世代ガールズグループから顕著な変化が起こり始めた。

ガールズグループが従来の男性ファンではなく、女性ファンにアピールする楽曲を歌い始めたのである。

そのほうが、より経済的にメリットがあるからだ。

先にも触れたが多くの場合、女性の主体性や能動性を強調する歌詞が特徴である。

BLACKPINK、(G)I-DLE、aespa、LE SSERAFIMなど、いわゆる「ガールクラッシュ」を前面に押し出したガールズグループがその代表例である。

これには経済的な収益問題が大きく関与している。

実際、最近ではガールズグループのファンダムを自称する女性ファンも多く、ガールズグループのコンサートで男性観客よりも女性観客が多い場合も少なくない。

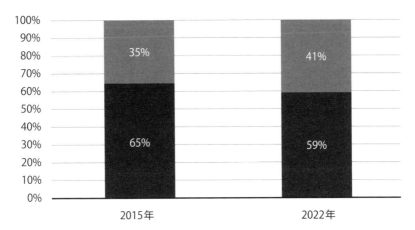

<図16-2> コミュニティにおける「ガールズグループ＋男性ファン」対「ガールズグループ＋女性ファン」の言及割合比較

ガールズグループに関連して「女性ファン」と言及された割合が増加。（出典：Sometrend, 2015-2022）

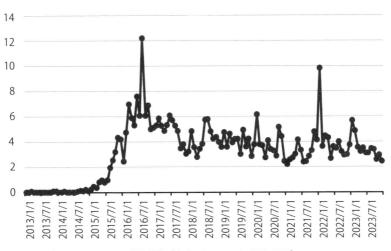

<図16-3> ガールクラッシュの言及推移 （出典：Sometrend, 2013-2023）

Chapter 16

　ボーイズグループとガールズグループの楽曲には違いがある。

　韓国では一般的に人々がよく口ずさむ曲には、ガールズグループの楽曲が多いということだ。

　音楽業界の関係者の説明によると、BTSが登場する前にはこの傾向が特に顕著だった。

　東方神起がどれだけ人気が高くても、実際に彼らの歌を歌う人は非常に少なかった。

　音楽業界関係者の説明はこうだ。

「ボーイズグループは強力なファンダムに支えられているので、楽曲が必ずしも良い必要はありません。むしろ、自分が好きなオッパがミュージックビデオにたくさん出ているかどうかが重要です。一方、ガールズグループはファンダムが弱いため、楽曲の大衆性が重要で、良い曲を作らないと成功できません」

　第3世代までは、ガールズグループが大衆性に、より注力していた。

　第3世代のボーイズグループには、チャート入りが一度もないグループも存在し、ファンダムに完全に依存していたケースが見られる〈図16-2〉。

　ファンダムの弱点を克服するために、大衆性を最大限にしたガールズグループの楽曲は、ボーイズグループの楽曲よりもCFや各種イベントで多く使われている。

ボーイズグループよりガールズグループの曲が知られている理由 – アイデンティティ経済学

〈表16-2〉2012年から2021年までの10年間、Melonチャートでトップ10入りした回数

左側はボーイズグループ、右側はガールズグループ（第3世代アイドル：2012年から2019年の間にデビューしたグループ）。

2012-2019 デビュー主要ボーイズグループ			2012-2019 デビュー主要ガールズグループ	
グループ名	回数		グループ名	回数
BTS	133		TWICE	112
WINNER	34		BLACKPINK	95
iKON	34		MAMAMOO	67
EXO	32		Red Velvet	61
Wanna One	18		AOA	37
BTOB	16		GFRIEND	36
N.Flying	7		OH MY GIRL	30
NCT	0		MOMOLAND	10
SEVENTEEN	0		ITZY	10
DAY6	0		I.O.I	9
MONSTA X	0		Crayon Pop	7
GOT7	0		IZ*ONE	5
ASTRO	0		Lovelyz	0
THE BOYZ	0		WJSN	0
Stray Kids	0		LOONA	0
ATEEZ	0		fromis_9	0
TOMORROW X TOGETHER	0		(G)I-DLE	0
合計	274		合計	479

しかし、今やK-POPのガールズグループも同じ状況になっている。

誰が有名かは知っているが、彼女たちがどんな歌を歌っているのかはあまり知られていない。

LE SSERAFIMやaespaの楽曲は、カラオケで簡単に歌えるものではない。

かつて友達や職場の同僚と一緒に歌って盛り上がったGirls' GenerationやTWICEの楽曲とは大きく異なる。

〈表16-3〉TJカラオケ選曲ランキング（2022.08 - 2024.08）
ガールズグループの楽曲は、もはや大勢で歌うカラオケ曲とは少し距離があるようだ。

順位	曲名	アーティスト
1	Let's Say Goodbye	Parc Jae Jung
2	Emergency Room	izi
3	Event Horizon	Younha
4	No Matter Where	MC THE MAX
5	Like It	Yoon Jong-shin
6	H.E.Art（心）	DK
7	without me	Joo-ho
8	If I Love Again	Kim Feel
9	Every Moment of You	Sung Si-kyung
10	I Will Go to You Like the First Snow	Ailee
	…	

順位	曲名	アーティスト
36	I AM	IVE
	…	
43	Hype boy	NewJeans
	…	
55	Into the New World	少女時代
	…	
67	Ditto	NewJeans
	…	
85	After LIKE	IVE
	…	
89	Queencard	(G)I-DLE

ファンダムが強くなったことで、楽曲が大衆向けではなく、ファンダムが求めるイメージに合わせたものとなっている。

カッコよくて洗練されたイメージではあるが、簡単に口ずさめる曲ではない。

結果として、アメリカではFIFTY FIFTYの楽曲が最もよく歌われるK-POPとなっているが、韓国では全く反応がない。

これは、ファンダムがないことや、現代の韓国女性が求めるイメージとはかけ離れていることが一因である。

歴史の中でも不利な環境に置かれた文明が、その弱点を克服する過程で発展を遂げた例は少なくない。

例えば、世界史で学ぶ主要な文明を見ても、気候が暖かくて食べ物が豊富だった熱帯地域より、やや乾燥しているか寒冷な地域で文明が形成されることが多かった。

過去、ファンダムの弱点を大衆性で克服したK-POPガールズグループの成功は、欠乏を乗り越えることで本当の強さを得られるという教訓の一つを示している。

しかし、ファンダムの弱点を補ったK-POPガールズグループが、逆にファンダムに囲まれて大衆性から遠ざかる場合もある。

Part4
経済的波及効果とグローバル市場

Chapter17

お金がなくても
YouTubeがある

反共有地のパラドックス

17-1. 共有地の悲劇と喜劇

　カナダのニューファンドランド沿岸は、かつて世界で最も豊富なタラ漁場として知られていた。

　その歴史は15世紀頃までさかのぼり、スペインのバスク人漁師たちによってこの漁場の価値が評価された。

　その後、ここで捕れたタラは世界中に広がり、保存性の高い食料資源として大航海時代の船員たちに重宝された。

　しかし、1960年代以降、ニューファンドランド漁場に大きな危機が訪れた。

　漁業技術の進展とタラに対する需要の増加により、大規模な産業漁業が始まった。

　当時、ニューファンドランド沿岸には厳しい漁業規制がなく、

多くの船団が競ってタラを捕り始めた結果、かつては豊富だったこの漁場からタラがほとんど姿を消す危機に瀕した。

その結果、1992年、カナダ政府は商業的なタラ漁を全面的に禁止した。

これにより、何世代にもわたって漁業を営んできた数千人の漁師が職を失い、地域経済は深刻な打撃を受けた。

このように、所有権が明確でない地域の資源が乱獲や過剰利用によって枯渇する状況は、経済学で「共有地の悲劇（Tragedy of the Commons）」と呼ばれている。

これは、1968年にアメリカの生態環境学者ギャレット・ハーディン（Garrett Hardin）が科学雑誌『サイエンス』に発表した論文で初めて登場した概念である。

主張の要点は、所有者のいない牧草地があると、牧羊者たちは多くの家畜を放ち、競争が激化し、牧草地がすぐに荒廃するというものである。

ニューファンドランドのタラ漁場も正にこのケースと同じだ。

ハーディンは「共有資源における自由は全員を破滅に導く」と結論づけた。

しかし、産業社会が成熟するにつれて、これに対する反論も出てきた。

Chapter 17

1998年、ポーランド出身の数学者マイケル・ヘラー（Michael Heller）は、それまでの常識を覆し、「反共有地の悲劇（Tragedy of the Anticommons）」という新しい概念を提唱した。

厳しい知的財産権制度や特許万能主義が、社会的・科学的に価値のある知的資源の適切な活用を妨げているという主張だ。

さらに、「共有地の喜劇（The Comedy of the Commons）」という概念も登場した。

これは、資源が共同で使用されることにより、すべての参加者が利益を得る状況を指し、協力と共同管理によって資源の価値を最大化し、共同体全体が恩恵を受けるという論理である。

この代表例として挙げられるのが、YouTube を利用したサルマン・カーン（Salman Khan）の話である。

彼はアメリカの非営利教育動画サイト「カーンアカデミー（Khan Academy）」の創設者である。

同サイトは累計視聴回数が約2億4,200万回に達し、数学や科学、歴史など4,000本の教育動画を世界23か国語で無料提供している。

17-2. ガールズグループの グローバルな拡散と共有地の喜劇

少女時代などのガールズグループが世界に進出するうえで決定的な役割を果たしたのが、YouTube や SNS などの無料アクセ

スプラットフォームであった。

　韓国は人口5,000万人の比較的小さな市場であり、さらに韓国語は世界的に通用しない言語であるため、韓国語で制作されたコンテンツが海外で成功するのは非常に難しかった。

　しかし、YouTubeはその限界を克服する手段となった。

　K-POPのプロダクションは、新曲のミュージックビデオをYouTubeで無料公開し、さらにはヒット曲のダンスの振り付けを教える動画まで配信した。

　世界中のファンはこれらの動画を見てダンスを真似し、自然にK-POPに引き込まれた。

　これが、K-POPがグローバルアイドルとして成長する大きな要因となったのである。

〈表17-1〉YouTube再生回数上位の動画（公開後24時間以内の再生回数）

順位	曲名	アーティスト	再生回数（24時間以内）
1	Butter	BTS	1億820万
2	Dynamite	BTS	1億100万
3	Pink Venom	BLACKPINK	1億
4	How You Like That	BLACKPINK	8600万
5	Ice Cream	BLACKPINK（Feat. Selena Gomez）	7900万

もしK-POPアイドルのミュージックビデオを見るために費用を払わなければならなかったり、会員認証などの閉鎖的なシステムで管理されていたらどうだっただろうか。

国内では熱狂的なファンダムが維持されていたかもしれないが、今のような世界的なファンダムを築くことはできなかっただろう。

K-POPこそが「共有地の喜劇」を示した最良の例である。

17-3. ロックイン効果とK-POPファンダムの形成

このようにK-POPコンテンツを無料で公開する戦略は、「ロックイン効果（Lock-in Effect）」とも関連している。

ロックイン効果とは、既存の製品やサービスよりも優れたものが登場しても、すでに投資されたコストや機会費用、あるいは手間や面倒さなどによって、簡単には他の製品やサービスに移行できなくなる現象を指す。

ガールズグループは、ミュージックビデオや各種紹介動画をYouTubeで無料公開し、まずはファンダムの確保を図る。

一度ファンダムが形成されると、その後はロックイン効果が働き始める。

ファンは自分が好きなアイドル関連のグッズや、広告で紹介された商品を購入し、ドラマの視聴率を上げ、ミュージカルの

客席を埋める。

　このようなファンダムは非常に強力で、一度形成されると他のグループに簡単に移行しないため、ロックイン効果が発揮される。

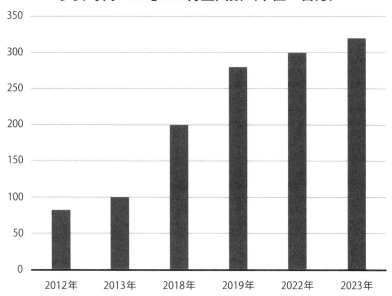

〈図17-1〉少女時代「GEE」MV再生回数
2009年に公開された少女時代の「Gee」は、K-popアイドルとして初めて1億回の再生数を突破（2013年）。公開から14年が経過した2023年でも3億回を超える再生数を記録しており、1日の平均再生数も35,000回に達している。

Chapter18

ツウィ事件と両岸問題

バタフライ効果

18-1. バタフライ効果 (Butterfly Effect)

　バタフライ効果とは、些細な変化や小さな出来事が予期しない大きな結果をもたらすことを説明する概念である。

　この理論の名前は、「上海で蝶が小さく羽ばたくことが、太平洋を越えてアメリカの天候に影響を及ぼす可能性がある」という比喩から生まれた。

　つまり、初期条件の小さな変化が、時間が経つにつれて大きな影響を与えることを意味する。

　歴史的にバタフライ効果の代表的な例として挙げられるのは、第一次世界大戦である。

　1914年、セルビアが支援したボスニア民族主義青年がオーストリア＝ハンガリー帝国の皇太子フランツ・フェルディナン

ト大公をサラエボで暗殺したことにより、連鎖的な宣戦布告が続き、最終的には第一次世界大戦に発展した。

　現代においてもバタフライ効果は依然として重要な概念である。例えば、イギリスのEU脱退（ブレグジット）はその一例である。

　イギリスのEU脱退は単に国内に限らず、他のEU加盟国にも連鎖的な脱退を促す恐れがあると懸念され、これにより世界の主要国の国債金利が上昇し、金価格が急騰するなどの影響を及ぼした。

　このように、グローバル化が進行する現代の国際経済では、ある国の政治的・経済的変動がバタフライ効果を通じて世界的に大きな影響を与えることが、過去よりも頻繁に見られるようになっている。

▍18-2. ツウィ事件のバタフライ効果と両岸問題

　2016年初頭、成功を続けていたTWICEが予想外の国際問題に巻き込まれ、大きな波紋を呼んだことがある。

　MBCのバラエティ番組『マイリトルテレビジョン』で、ツウィが台湾の国旗（青天白日旗）と韓国の太極旗を持っていたシーンが公開されたことがきっかけである。

Chapter 18

　韓国では特に問題視されなかったが、そのシーンが中国で大きな話題となった。

　そして親中派の台湾人芸能人がこれを問題視したことから、事態は拡大した。

　中国は「一つの中国（One China）」というスローガンを掲げ、台湾を独立国家として認めない政策を取っている。

　そのため、ツウィが台湾の国旗を持っていたシーンに対して中国側は激しく反応し、中国のSNSである「Weibo」を通じて非難の声が広まり、大きな問題となった。

　アジア最大の市場である中国が不快感を示したため、TWICEの所属事務所であるJYPは迅速に対応せざるを得なかった。事態発生からわずか1日で、事務所は遺憾声明を発表し、「今回の件に関して、ツウィは16歳の未成年であり、政治的な見解が形成されていない……事実が明らかになるまで、ツウィの中国での活動をすべて中止することに決定した」と述べた。

　しかし、それにもかかわらず、ツウィがCMから降板するとの噂や、中国のイベントが次々とキャンセルされるなどの情報が広がり、JYPは最終的に、ツウィが謝罪文を読む動画を公開せざるを得ない事態に至った。

　そしてこの事件は台湾の民進党（民主進歩党）の候補者であ

る蔡英文により、選挙の争点として取り上げられることとなった。

蔡英文は「16歳の台湾少女が、番組で台湾の国旗を持っただけで抑圧された。国民が自国の国旗を自由に掲げることは尊重されるべき正当な権利であり、この事件は台湾を怒らせた」と強調した。

それはまた、台湾がオリンピックなど国際スポーツ大会で自国の国旗を使用できないという国際的な圧力に対する不満を表す機会ともなった。

当時の与党である国民党は、中国との対立を避ける立場を取っていたが、世論戦で圧倒され、選挙期間中には候補者交代論まで浮上するほどに追い詰められていた。

さらに、選挙が近づくにつれて支持を高めていた蔡英文がツウィ事件を選挙の最大の争点にしたことで、状況は一変した。

台湾での異常な空気を察知した中国政府は、国営メディア『環球時報』などを通じてツウィに対する批判を抑えるよう努めたものの、怒りに燃える台湾の世論を変えることはできず、蔡英文は台湾初の女性総統として当選を果たした。

〈図18-1〉ツウィが引き起こしたバタフライ効果

18-3. ツウィ謝罪事件が浮き彫りにした東アジアの歴史戦争

「ツウィ謝罪事件」は韓国の芸能界に重要な教訓を残した。

この事件は、東アジアの歴史や政治的対立の危険性を実感させる事例となった。

JYPの関係者は「ツウィ謝罪事件は予想外の問題が発生した例でしたが、日本との関係にも常に気を配っています」と述べている。

TWICEは多国籍グループであり、台湾出身のツウィだけでなく、日本出身のミナ、モモ、サナなど、さまざまな国のメンバーが含まれているためである。

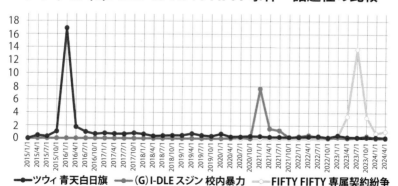

〈図18-2〉ツウィの「台湾」事件、(G)I-DLE スジンの校内暴力問題、FIFTY FIFTY の所属事務所との紛争、どれがより話題になったのか（出典：Sometrend、2015年〜2024年6月30日）

K-POPガールズグループの国際化が進むにつれ、韓国の企画事務所はツウィ事件のような国際政治的問題が再び起こることを懸念している。

　外国人メンバーを擁するガールズグループは近年急増しており、TWICEだけでなく、BLACKPINKのリサ、BABYMONSTERのパリタとチキタ（いずれもタイ出身）、aespaのニンニン、（G）I-DLEのウギ（いずれも中国出身）、IVEのレイ、LE SSERAFIMのサクラとカズハ（中村一葉）、BABYMONSTERのルカ（河井瑠花）とアサ（榎並杏紗）（いずれも日本出身）などが代表的な例である。

　K-POPの人気が上昇する中で、かつては問題にならなかった事柄が国際的な論争に発展することが増えている。

　BLACKPINKが「How You Like That」のミュージックビデオで経験した論争もその一例である。

　インドのネットユーザーたちは、ヒンドゥー教の神ガネーシャの像が装飾品として使用されたことに激しく抗議した。

　インドのK-POPファンからの抗議に驚いたYGは、最終的に「意図しないミス」であったと説明し、関連する映像を削除した。

　また、中国リスクも常に頭痛の種である。

　習近平体制の中国政府は韓国によるTHAAD（終末高高度防衛ミサイル）配備をきっかけに、韓国芸能人の出演禁止を意味する「限韓令」を発令し、韓国エンターテインメント業界に大

Chapter 18

きな危機感をもたらした。

　2022年には、aespaのニンニンが北京冬季オリンピックのショートトラック2000m混合リレーで中国選手の金メダル獲得を祝福したことで波紋が広がった。

　ショートトラック競技では、あやしい判定により韓国選手が全員失格し、中国が金メダルと銀メダルを獲得したため、中国への怒りが爆発していた。

　ニンニンへの批判が高まり様々なオンラインコミュニティで話題になり、地上波TVのニュースにも登場する事態となった。

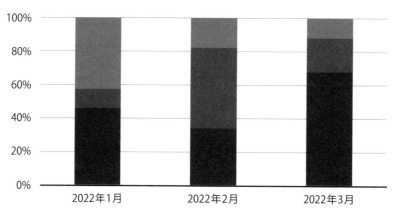

〈図18-3〉aespaのニンニンの中国発言前後の肯定・否定的な反応の変化
否定的な反応が一時的に大幅に増加し、その後若干減少したが、以前よりも高い水準で推移している。(出典：Sometrend, Blog, Twitter, 2022年1月-2022年3月)

「ツウィ謝罪事件」のような出来事は、韓国の芸能界が持つ国際的な影響力と政治的な敏感さを露わにした。

しかし、ツウィはこのような困難にもかかわらず知名度を高め、TWICEのメンバーの中でも最も有名な存在となった。

また、この事態がTWICEに不利に働くことも特になかった。

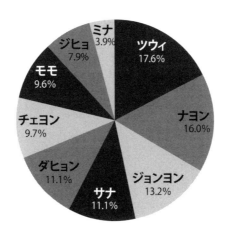

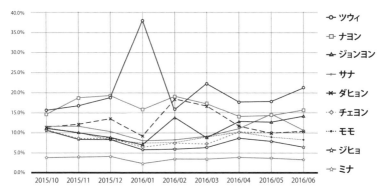

〈図18-4〉TWICEメンバーとツウィの言及量
円グラフは、全期間における総言及量の割合。

Chapter 18

　実際、ツウィに非はなく、国内では大衆の同情心とともにTWICEへの応援に繋がった。

　その後、TWICEが発表した「Cheer Up」は各種チャートを席巻し、最終的には「ツウィ事件」の真の勝者はTWICEであることを証明した。

　人生とは何か？　それはまさに塞翁が馬だ。

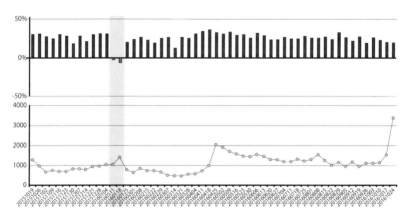

〈図18-5〉上段：TWICEに対する肯定・否定のbuzzの推移、下段：TWICEの言及量の推移
否定的なbuzzは2週間も続かなかった（ハイライト部分）。

Chapter19

国防部が生み出した Brave Girls の奇跡

外部効果

19-1. 外部効果 (Externalities)

　私の住む町には「金豚食堂」という有名な豚肉専門店がある。

　昼夜問わず、常に行列ができており、その大半は海外観光客である。

　夕方の散歩道でその食堂の前を通ることが多かったが、その隣にあるカフェも常に賑わっていることに気づいた。

　調べてみると、「金豚食堂」に入るために待っている客たちが、このカフェで時間を過ごしていたのだ。

　結果として、このカフェは食堂のおかげで客が溢れかえるようになった。

　経済学では、このような状況を「外部効果 (Externalities)」と呼ぶ。経済活動に関連して、当事者以外の他者に意図せず利益

や損失をもたらす現象を示す経済用語だ。

　経済学者がよく引用する例に、園芸農家と果樹園の関係がある。

　例えば、次のような状況を想定してみよう。

　長野県に住むリサは代々養蜂を営んでいた。

　そんな中、東京から引っ越してきたサクラが、近くでリンゴを栽培する果樹園を始めた。

　これにより、リサの蜂はサクラのリンゴの花から多くの蜜を集めることができるようになった。

　利益を得たのはリサだけではない。

　サクラもリサの蜂のおかげで花がよく受粉し、以前よりも多くの収穫を期待できるようになったのだ。

　つまり、意図しなかった他者の行為や存在によって、相手に利益をもたらす外部効果が発生したのである。

▌19-2. Brave Girlsの奇跡と外部効果

　この外部効果の概念は、音楽業界にも見られる。

Brave Girlsの成功物語がその代表的な例だ。

Brave Girlsは2011年に5人組としてデビューしたガールズグループである。

　当時、ガールズグループ市場は成長期にあったが、Brave Girls

の道のりは決して順調ではなかった。

同じ年にデビューしたApinkが清純派ガールズグループとして大きな愛を受け、トップクラスのガールズグループに成長した一方で、Brave Girlsはほとんど注目を浴びなかった。

メンバーチェンジも頻繁に行われ、2017年には4人組に再編された。

満を持して発表した楽曲「Rollin'」も大衆的な人気を得られず、2021年初頭には解散が議論されるまでになった。

しかし、彼女たちが解散を話し合った翌日の2021年2月24日、状況は一転した。

あるYouTuberが投稿したBrave Girlsの動画が大きな話題を呼んだのだ。

その動画は、Brave Girlsが歌った「Rollin'」が軍（軍隊）でどれほど熱狂的な反応を得ているかを示す編集動画であった。

そして、その後1か月も経たない3月14日、彼女たちはSBSの音楽番組で1位に輝いた。

グループが結成されてから10年、メンバーが再編されてから4年目の快挙であった。

しかし、K-POPの歴史に残る感動的な1位受賞スピーチで、彼女たちの歌よりも私の耳を引きつけたのは、彼女たちの1位受賞の感想だった。

Brave Girlsのメンバーたちは涙ぐみながら「国軍将兵、予備

〈表 19-1〉「軍統領」関連アイドル 言及量ランキング

2016-2018年		2019-2021年	
順位	キーワード	順位	キーワード
1	Secret	1	Brave Girls
2	Nine Muses	2	LABOUM
3	Jun Hyo-seong	3	Girl's Day
4	Kyungri	4	EXID
5	Stellar	5	Yujeong（Brave Girls）

（出典: Sometrend, 2016-2021）

役、民防衛の皆さん、ありがとうございます」と感謝の言葉を述べたのだ。

　おそらく、1位の受賞スピーチで国軍将兵、予備役、民防衛が登場したのは初めてであり、今後もないだろう。

　では、なぜBrave Girlsは国軍将兵らに感謝を示したのだろうか。

19-3. 外部効果：国防部の携帯電話政策

　Brave Girlsが1位を獲得したのは、単なる幸運ではない。

　彼女たちは「軍統領（軍のアイドル）」というニックネームを得るほど、軍部隊への慰問公演に多くの努力を注いだ。

　軍部隊は都市から遠く離れた前線に位置しており、訪問自体が簡単ではなく、ここで公演を行っても大衆の注目を集めることは難しい。

　そのため、多くのガールズグループはこのような舞台を避け

〈表 19-2〉Brave Girls 音楽番組 1 位獲得当日（2021.03.14）のコミュニティ反応キーワード

順位	label	頻度
1	Rollin'	36
2	公共放送	28
3	ガールズグループ	28
4	アンコール	25
5	映像	24
6	デビュー	23
7	逆走行	22
8	放送	20

順位	label	頻度
9	メンバー	19
10	歌	18
11	感想	16
12	受賞	16
13	民防衛	14
14	直カメラ	13
15	涙	13

（出典：Sometrend, 2021.03.14）

る傾向にある。

　しかし、彼女たちの努力は報われた。

　部隊外の社会では、BLACKPINK の「How You Like That」な
どがビルボードを狙い、各種の新記録を打ち立てる一方、兵営
の中では、2017 年にリリースされた「Rollin'」が兵士たちの間
で名曲として定着した。

　軍人にとっては軍歌のような存在になったのである。

　そして、この成功の背後には外部効果が大きく作用していた。

　それが、国防部の携帯電話政策である。2020 年 7 月に国防部
は、兵士たちが勤務後に携帯電話を使用できるよう全面的に許
可した。

　このおかげで、兵営内の軍人たちは携帯電話を通じて音楽番
組のランキング投票に参加でき、数十万人の軍人がランキング

に大きな影響を与えることになった。

　この政策の恩恵を最も早く享受したグループが「軍統領」と呼ばれた Brave Girls だった。

　国防部が Brave Girls のためにこの決定を下したわけではなかったが、その時期に決定された政策のおかげで、彼女たちは大きな恩恵を受けることができたのだ。

　一方、Brave Girls と同様に4人組だった Stellar も軍部隊を最も多く訪れたガールズグループだったが、彼女たちはあまりにも早く「軍統領」になったため、このチャンスを生かすことができなかった。

　もし国防部の携帯電話許可が4〜5年早く施行されていたなら、今の Brave Girls の位置には Stellar がいたかもしれない。

19-4. 外部不経済

　しかし、すべての外部効果が肯定的なものばかりではない。

　時には否定的な外部効果、つまり外部不経済により困難を経験することもある。

　例えば、最近会った中小規模のガールズグループの事務所は「トロット（演歌）の人気が上がって以前よりさらに厳しい状況だ」と嘆いていた。

　状況はこうである。

TV朝鮮のオーディション番組『明日はミス・トロット』『明日はミスター・トロット』が大成功を収めた後、韓国では巨大なトロットブームが巻き起こった。

このブームの直撃を受けたのが中小規模のガールズグループだった。

以前は地方自治体が開催するイベントや祭りにガールズグループを多く呼んでいたが、その席をトロット歌手たちが代わりに占めるようになったのだ。

中小規模のガールズグループはテレビ番組に出演する機会が少ないため、自治体のイベントはお金を稼ぎ、知名度を上げる数少ない手段の一つだった。

しかし、このイベントすらトロットに奪われ、まさに生存の危機に直面することになったのである。

結局、TV朝鮮が引き起こしたトロットブームの外部効果によって、意図せずしてガールズグループが被害を受けることになったのだ。

Chapter20

トリクルダウン効果を
期待した Miss A と
ファウンテン効果で
成功した TWICE

20-1. トリクルダウンを期待したガールズグループ： Miss A

トリクルダウン理論（Trickle-down effect）は、大企業や富裕層が利益を上げると、社会全体でより多くのお金が使われ、それが景気を刺激し、国全体のGDPが増加し、低所得層にも恩恵が及ぶという概念である。

つまり、富裕層が積極的に消費することが、経済格差を解消する手助けになるという理論である。

この概念が初めて登場したのは、20世紀初頭、アメリカの第31代大統領ハーバート・フーヴァー（Herbert Hoover）の任期中（1929年3月～1933年3月）であった。

選挙運動中にフーヴァーは「すべてのガレージに自動車を！すべての鍋に鶏肉を！」（A chicken in every pot, a car in every garage）というスローガンを掲げ、人気を集めた。

　しかし、彼が当選した1929年、アメリカは深刻な大恐慌に陥った。

　わずか2年でニューヨーク証券取引所の株価は恐慌前の5分の1にまで下がり、5,000以上の銀行が破綻し、失業率は24.9％に急上昇した。

　経済大統領を自称していたフーヴァーは、非常に厳しい状況に直面した。

　彼の政府は大恐慌を克服するために企業に特典を与えるなど、いくつかの経済政策を実施したが、評価は厳しかった。

　当時の著名な作家ウィル・ロジャース（Will Rogers）は「上層階級の手に渡ったすべてのお金が、どうか貧困層にもトリクルダウンしてくることを望む」と皮肉を込めて語り、これがトリクルダウン効果という用語が広まるきっかけとなった。

　このトリクルダウン理論は、1980年代に第40代アメリカ大統領ロナルド・レーガン（Ronald Reagan）にも影響を与えた。

　新自由主義を擁護したレーガンは、法人税の引き下げなどの政策で企業負担を軽減し、雇用増加を図る政策を展開した。

　アメリカではこれを「レーガノミクス」と呼ぶ。

　それは国富の増大に焦点を当て、分配よりも成長、平等よりも効率を重視する政策であった。

Chapter 20

　日本では、安倍晋三首相が類似の政策を展開し、「アベノミクス」として知られるようになった。

　一方、経済学界ではトリクルダウン効果に対して懐疑的な見方も少なくない。
　オーストラリアの経済学者ジョン・クイギン（John Quiggin）は『経済学の５つの亡霊』という著書の中で「トリクルダウンは、経済成長にほとんど貢献していないが、格差の拡大には重要な役割を果たしている」と指摘している。
　この指摘は、実際の経済においてどうであったかはともかく、K-POP業界においては説得力があると言えるだろう。

　人気メンバー１人に全力を注ぐ戦略は、第２〜３世代のガールズグループに広く普及していた成長戦略であった。
　センターメンバーを多く露出させることで、チーム全体の認知度を上げるというもので、これは「トリクルダウン効果」に基づく戦略であった。
　１人の成功がチーム全体に波及することを期待したのである。

　しかし、Miss Aの事例を見ると、この戦略が必ずしも成功するわけではないことが分かる。
　Miss Aはデビュー当時、少女時代やNewJeansに匹敵するインパクトを持つチームであった。
　2010年に「Bad Girl Good Girl」でデビューした彼女たちは、

わずか21日で地上波TVの人気ランキング1位を獲得し、音楽ストリーミング配信サービスMelonのチャートでも1位を獲得するなど、圧倒的なパフォーマンスを見せた。

　しかし、その後、すべての活動がスジに集中し、フェイ、ミン、ジアなどの他のメンバーは次第に目立たなくなっていった。
　スジが「国民の妹」として映画やドラマ、CFで成功を収めている間、他のメンバーに対する注目度は徐々に薄れていった。
　やがて不和説やいじめの噂が広まり、Miss Aは2017年12月に公式に解散することとなった。

　スジは最近もNetflixのシリーズ『イ・ドゥナ！』を通じて活躍しているが、他のメンバーは事実上、活動を停止している。
　業界では、Miss Aはその潜在力を十分に発揮できず、チームとして過小評価されていたという残念な声が多く聞かれている。

　付け加えると、トリクルダウン効果に依存していたガールズグループの中には、成果にかかわらずメンバー間で不和が生じたケースが少なくなかった。
　1人だけがスポットライトを浴びる状況は、他のメンバーに大きなストレスを与えたであろう。

| Chapter 20 |

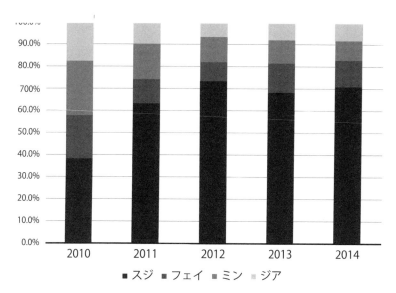

〈図20-1〉2010～2014年のMiss Aメンバー別言及割合の変化

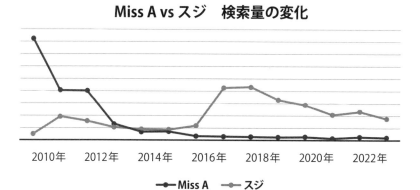

〈図20-2〉Miss Aとスジの検索量変化

20-2. JYPの覚醒とTWICEのファウンテン効果戦略

「TWICEは絶対に個別活動を許さないです」

４年前、JYPの関係者から聞いた話の中で最も印象に残った言葉だ。

Miss Aの例から、JYPは重要な教訓を得た。

それがTWICEの個別活動「絶対」禁止方針につながった。

ツウィのように人気があっても、ダヒョンのように才能に溢れていても、チーム全体で出演しない限り、活動ができないよう管理していた。

すべてのメンバーがまんべんなく人気を得ることで、チームの基盤が強化され、長期的に成功すると確信していたからだ。

これは経済学でいう「ファウンテン効果（Fountain Effect, Trickle-up effect）」に例えることができる。

ファウンテン（噴水）のように、下から水が噴き出して全体に行き渡るように、中産層や庶民に有利な政策が消費を促進し、国家経済を活性化させるという概念で、トリクルダウン効果とは対照的な立場にある。

JYPのファウンテン効果戦略は成果を上げた。

TWICEは韓国と日本でトップクラスの人気を誇り、デビュー以来9年間、1人のメンバーも脱退していない。

メンバー間の不仲説もなかった。

最近になってジヒョやナヨンがソロ活動を始め、ミナ・モモ・サナの日本人メンバーもユニットを結成したが、2015年のデビューを考えると、非常に遅い個別活動だといえる。

20-3. TWICEとは異なるファウンテン効果、BLACKPINK

トリクルダウン効果の戦略の失敗は、多くの事務所に明確なメッセージを伝えた。

それは「チームよりも優れた個人を作ってはならない」ということだ。

以降に登場したガールズグループは、トリクルダウン効果よりもファウンテン効果戦略を採用するようになった。

BLACKPINKをはじめ、NewJeans、LE SSERAFIM、IVEなどは、特定のメンバーだけでなく、全メンバーが均等に人気を得ている。

経済の専門家たちは、発展途上国の成長期には大企業を中心とした成長戦略が一定のトリクルダウン効果を発揮することがあるが、国家経済がある程度成長した後は、ファウンテン効果の戦略に転換するべきだと主張している。

つまり、トリクルダウン効果は短期的な成長が求められる特

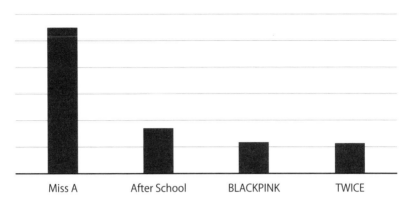

〈図20-3〉ガールズグループメンバーの言及量標準偏差ランキング

定の状況でしか機能しないということだ。

　K-POP市場とガールズグループも、成長を繰り返す中で以前より強固な基盤を築いてきた。

　メンバー一人ひとりの実力も、過去に比べて格段に向上していると評価されている。

　BLACKPINKは、このファウンテン効果の新しいモデルを確立した。BLACKPINKは個々のメンバーを目立たせないようにするのではなく、全員をスターとして輝かせ、チーム全体の人気をさらに高める戦略を取った。

　その結果は大成功だった。
　ジス、リサ、ロゼ、ジェニーはグループ活動だけでなく、ソロ活動でも大きな成功を収めた。

Chapter 20

　2021年、リサのソロアルバム『LALISA』に収録された「MONEY」はSpotifyで10億回のストリーミングを突破するという大記録を打ち立てた。

　また、4人それぞれがディオール、セリーヌ、イヴ・サンローラン、シャネルなどのグローバルブランドのアンバサダーとして活躍しており、まさに「4人4色」の個性が際立っている。

　TWICEとBLACKPINKは、それぞれ異なるアプローチで成功を収めている。

　TWICEはチームの結束力とバランスを重視し、メンバー個別の活動を制限することで、グループ全体の人気を維持してきた。

　一方BLACKPINKは、メンバー一人ひとりの個性を最大限に引き出し、各自が独自に活動しながらも、チーム全体の人気を高める戦略を取った。

　どちらの方法も成功を収めており、どちらが正しいかを一概に言うことはできない。

〈表20-1〉TWICE、BLACKPINK グループおよびメンバー別のインスタフォロワー数（2024年8月時点）

TWICE はグループアカウントのフォロワー数を超えるメンバーはいないが、対照的に BLACKPINK はすべてのメンバーの個人アカウントがグループアカウントのフォロワー数を上回っている。

BLACKPINK グループ／メンバー Instagram フォロワー数	
グループ／メンバー名	フォロワー数
リサ	104,000,000
ジェニー	85,100,000
ジス	79,400,000
ロゼ	79,000,000
BLACKPINK	57,500,000

TWICE グループ／メンバー Instagram フォロワー数	
グループ／メンバー名	フォロワー数
TWICE	29,800,000
モモ	14,900,000
ツウィ	13,200,000
ナヨン	12,500,000
サナ	12,200,000
ジヒョ	11,000,000
チェヨン	10,400,000
ミナ	10,100,000
ダヒョン	9,400,000
ジョンヨン	8,500,000

Chapter21

ガールズグループ 7年目のジンクス

ビッグマック指数とポートフォリオ

21-1. ビッグマック指数

ビッグマック指数は、世界的なファーストフードチェーンのマクドナルドのビッグマックの価格を用いて、各国の物価水準を比較する指標である。

これは「同一商品は同一価格であるべき」という一物一価の法則に基づいており、特定の国のビッグマックの価格が高いまたは低い場合、その国の物価もそれに応じて高いまたは低いと評価される。

2024年のビッグマック指数を見ると、アメリカは5.69ドル、中国は3.47ドル、韓国は4.11ドル、スイスは8.17ドルである。

世界で最もビッグマックが高価なスイスの国民は、同じお金でインドネシア（2.43ドル）に行けば、ビッグマックを3個買

ってもお釣りが出ることになる〈図21-1〉。

　このように同じビッグマックの価格が異なるため、ビッグマック指数による物価水準は、スイス ＞ アメリカ ＞ 韓国 ＞ 中国 ＞ インドネシアという順序で決まる。

　ビッグマック指数は、マクドナルドがほぼ全世界に展開しているという事実を基にしており、シンプルでありながらも経済状況をよく反映していると評価されている。

　そのため、これに倣ってiPod（アイポッド）指数やKFC（ケンタッキーフライドチキン）指数なども存在するようになった。

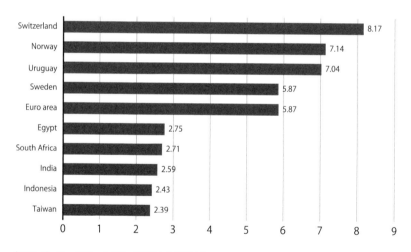

〈図21-1〉ビッグマック指数（2024年5月現在）

Chapter 21

21-2. ビッグマック指数には、
ガールズグループ7年目のジンクスが潜んでいる

　これまでのガールズグループの興亡を振り返ると、1世代目ガールズグループの時代を切り開いたS.E.S.をはじめ、Fin.K.L、Baby V.O.Xなどが1997〜1998年に続々と登場し、まるで約束したかのように2002年を境にステージから姿を消していった。

　そして、1世代目のガールズグループが登場してからちょうど10年目（2007年）に少女時代、Wonder Girls、KARAが登場し、それに合わせるかのように他のガールズグループも次々とデビューしたが、また突然消え始めた。

　K-POPガールズグループにおける「7年目のジンクス」は、2016年に特に顕著に現れた。

　アイドルは、練習生を経てデビュー組に入る際に正式な契約を結ぶが、その契約期間は法定で定められた最大期間である7年であることが多い。

　そしてちょうど2016年には、デビューから7年目を迎えたグループが多く、年明け早々デビュー7年目ではないがKARAを皮切りに、4Minuteや2NE1などの有名なガールズグループが解散を宣言した。

　このため、メディアで「7年目のジンクス」という言葉が注目を浴びた。

しかし、すべてのガールズグループがこのジンクスに縛られるわけではない。

例えば、TWICEはデビューから10年目を迎えた今でも活発に活動を続けており、Red Velvetも11年目を迎えたが、1人もメンバーが脱退せずにグループを維持している。

では、なぜ7年目のガールズグループの運命はそれぞれ異なるのだろうか？

この「7年目のジンクス」が、特定のグループに現れる理由は何だろうか？

この問題を考える中で、ビッグマック指数にヒントを得た。簡単に説明すると、オンライン上で各ガールズグループのメンバーの注目度がどれだけ偏っているか、特に1位メンバーの集中度がどの程度であるかを測定したのだ。

ビッグマック指数のように、ガールズグループのメンバー1人につき均等な比率を持つべきだという前提に立ち、各メンバーごとにそれより高いか低いかを測定して評価した。

これを「一人一価の法則」と呼ぶことにしよう。

2世代目ガールズグループの解散ニュースが相次いで聞こえてきた時、特に注目されたのはmiss AのスジとAOAのソリョンだった。

当時、miss Aを知らなくても映画『建築学概論』のスジは知

Chapter 21

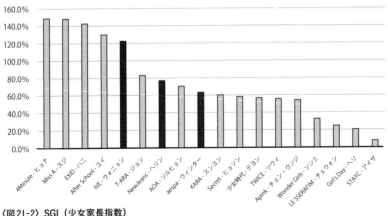

〈図21-2〉SGI（少女家長指数）
4Minuteのヒョナ、Miss Aのスジ、EXIDのハニ、After Schoolのユイ、IVEのチャン・ウォニョン、aespaのウィンター、NewJeansのヘリンなどが高い。

っており、AOAを知らなくてもSKテレコムのCMに出ているソリョンを知っている人は多かった。

　この現象に基づいて作成したデータを、今後「少女家長指数（SGI：SonyoGajang Index、一人がチームを引っ張る度合い）」と呼ぶことにしよう。

　上図に示されているように、SGI（少女家長指数）が低いガールズグループ、例えば少女時代、Apink、Wonder Girls、Girl's Dayなどのグループは7年目のジンクスを無事に乗り越え、10年以上活動を続けている。
　一方、SGIが高い4Minuteやmiss Aなどのグループは、長続きしなかった。

第3世代ガールズグループの代表格であるTWICEも、SGIが非常に低いことが特徴的だ。

　TWICEが長期間成功し続ける事実においては、特定のメンバーに人気が集中していないという点が大きな影響を与えていると考えられる。

　前述の通り、JYPはmiss Aの失敗後、ガールズグループ内で特定のメンバーが目立つことを許さなかった。

　その結果、同じくJYPに所属するTWICEのメンバーも、最盛期であっても個別でドラマに出演したり、個人のCM契約を結んだりすることができなかった。

　では、第4世代のガールズグループはどうだろうか。

　まだ初期段階ではあるが、IVEのチャン・ウォニョンはSGIが比較的高いメンバーとして注目されている。

▌21-3. 最後通牒ゲームとガールズグループ

「卵は一つの籠に盛るな」というのは、株式投資でよく使われる言葉で、「ポートフォリオ（portfolio）」の概念を説明する際にしばしば引用される。

　1つの銘柄に集中投資するとリスクが大きくなるため、複数の銘柄に分散投資せよ、というのがその要旨である。

　この公式はガールズグループにも同様に適用できる。

| Chapter 21

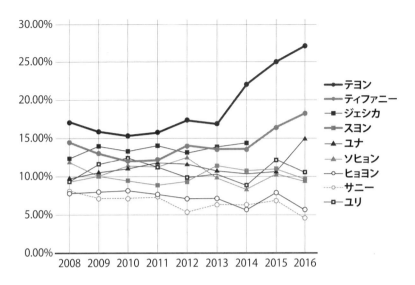

〈図21-3〉少女時代のメンバー別言及量の割合推移（2008-2016年）

　ポートフォリオ戦略が失敗すれば、チーム全体の安定性が揺らぐことになるのだ。

　デビュー10周年までの間の少女時代のメンバー別言及量割合推移を見ると、初期はメンバー間のバランスが良く、メンバーの注目度も頻繁に変動していた〈図21-3〉。
　これは、ガールズグループ社会における身分異動の梯子がしっかりと機能していたかのようだ。
　しかし、ある瞬間からテヨンの独走が始まり、他のメンバーとの格差が広がった。
　特に顕著なのは、2014年のデビュー7年目の頃で、この年

にはジェシカが脱退している。

　特定のメンバーが注目を集め始めると、チーム全体のバランスが崩れることがある。

　ここで「最後通牒ゲーム」（Ultimatum Game）を思い出させる。このゲームは交渉における公正性や相互利益がどのように作用するかを示すものである。

　K-POPガールズグループでも、特定のメンバーが過度に注目されると、他のメンバーが不満を感じ、結果的にチームの持続性に悪影響を及ぼす可能性がある。

　具体例として、次のような状況を想像してほしい。

　「サナに100万円を渡して、モモと分けるように指示する。サナはモモに一度だけ金額を提案することができ、モモがその提案を受け入れれば、2人は提案通りに金額を分け合う。しかし、モモが拒否した場合、2人とも一銭も手に入れることはできない」

　論理的に考えれば、サナが99万8,000円を取り、モモに2,000円しか渡さないと言ったとしても、モモにとっては2,000円でも受け取った方が得であるはずだ。

　しかし、研究によれば、提案された金額があまりにも少ないと感じた場合、人はしばしばそれを拒否する傾向がある。

　これは、「人は物質的利益だけでなく、公正さや相互の利益

| Chapter 21 |

も重要視する」という経済学的結論を導き出すのに役立った。

　この教訓は、ガールズグループの解散や存続を理解するうえで非常に重要な示唆を与える。

　例えば、K-POP史上最もインパクトの強かったチームの一つに数えられるmiss Aが挙げられる。
　彼女たちは2010年にデビューし、デビュー曲「Bad Girl Good Girl」が、デビューからわずか21日で地上波音楽番組での1位を獲得した。
　当時としては、ガールズグループ史上最も早い記録で、少女時代やTWICEよりも早かった。

　しかし、そんな大きな可能性を示したmiss Aは、結局7年を超えずに解散した。
　当時、スジは「国民の初恋」と呼ばれ、歌手だけでなく映画やドラマ、CMでも活躍し、グループ活動に比べて個人活動が圧倒的に目立っていた。
　このようにスジに極端に集中した活動が、最終的にはグループ内の不和を引き起こしたのである。

　当時のJYPのスタッフによれば、スジは「なぜ私だけが働いているのか」と悩み、他のメンバーは「なぜスジだけが注目されるのか」と不満を抱いていたそうだ。

結局、スジがより多くの報酬を受け取るように契約が変更されたが、これもチームの持続性に悪影響を与えた。
　まさに「最後通牒ゲーム」で述べたように、スジが多くを手に入れたからとって、他のメンバーの報酬が増えるわけではない。「スジだけに機会が集中しているうえに、自分たちは報酬も少ないのか」と不満を抱くのも無理はない。

　第4世代ガールズグループの代表格であるNewJeansとIVEを比較すると、興味深い対照を見せている。
　IVEは当初、チャン・ウォニョンが「ワントップ」として圧倒的な存在感を放っていたが、時間が経つにつれ、他のメンバーの注目度も改善されてきた。

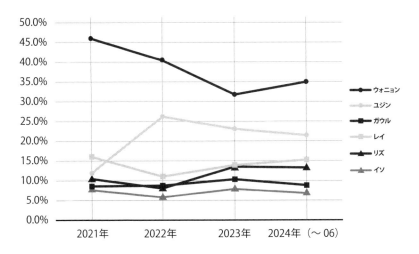

〈図21-4〉IVEメンバー別言及量（2021年～2024年6月30日）
チャン・ウォニョンの独走から徐々に他のメンバーが混じるようになっている。この傾向はグループの持続性のためには望ましい現象である。（出典: Sometrend）

一方で、NewJeansはヘリン、ミンジ、ダニエルの注目度が高いが、そのうち誰かが突出することなくチームを牽引している。このバランスはデビュー当初から変わらず続いている。

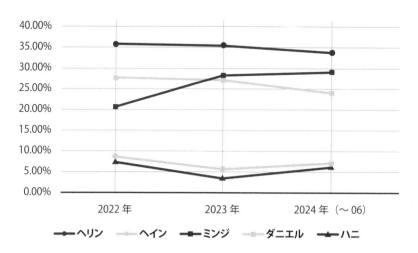

〈図21-5〉NewJeansメンバー別言及量（2022年〜2024年6月30日）
ヘリン、ミンジ、ダニエルがバランスよく言及されている。初期にチャン・ウォニョンが圧倒的にリードしていたIVEとは異なる。（出典：Sometrend, Twitter）

21-4. ガールズグループ生態系の多様度指数

各ガールズグループのメンバーがどれだけ均等に活躍しているかを評価するために、多様度指数で分析してみた。

この指数は生物学や生態学で広く使用されており、種がどれだけ多様に保存されているかを数値化するために用いられる。

ここでは多様度指数の一つである「シンプソン指数」を使い、

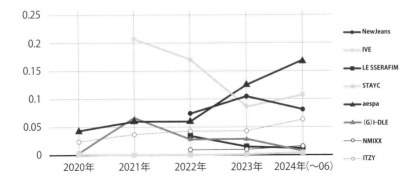

〈図21-6〉2020年以降のガールズグループの多様度指数（n-simpson）

メンバー数で正規化したn-Simpson指数を描いてみる。

難しい概念なので、グラフで数値が０に近いほど、すべてのメンバーが均等に活躍していることを意味することだけ覚えておけばよい。

上図を見ると、aespaはメンバー間の偏りが大きく、人気のあるウィンターとカリナに言及が集中していることがわかる。

IVEも若干の改善は見られるものの、依然として不均衡な状態である。

NewJeansにおいても、人気のあるヘリン、ミンジ、ダニエルの言及が圧倒的に多く、最近ではハニが注目され始めているものの、現時点ではまだバランスが取れていない。

一方で、(G)I-DLEやLE SSERAFIMは比較的バランスが取れているグループに分類される。

LE SSERAFIMのメンバーに関しては、サクラ、キム・チェウォン、カズハなど、個々のメンバーの注目度が均等に分布していることがその理由である。

過去の第2世代ガールズグループの多様度指数を考察すると、指数が高い時期に解散が早まる傾向が確認されている。

この分析結果によれば、aespaはその傾向が高まりつつあり、IVEも改善傾向は見られるものの、まだ不均衡が解消されていないため、メンバー間に不満が蓄積するリスクがある。

他方、(G)I-DLEやLE SSERAFIMはメンバーの不満が相対的に少ないと考えられる。

しかし、結果がどうなるかは予測が難しい。

第2世代、第3世代と第4世代を取り巻く環境が異なるからだ。

Chapter22

なぜ乃木坂46は BLACKPINKを 超えられないのか

ガラパゴス症候群

22-1. ガラパゴス症候群（Galapagos Syndrome）とは

「ガラパゴス症候群」は、日本経済や産業でよく取り上げられる用語であり、特定の市場や環境に適応するために、外部から隔絶され、独自に進化した現象を指す。

この用語の名称は、南米から約1,000km離れたガラパゴス諸島に由来しており、この島に生息する生物が外部の環境との相互作用なしに、島内の環境にのみ適応して独特の生態系を形成したことに因んで付けられている。

経済的な観点では、ガラパゴス症候群は主に日本のIT産業や製造業における現象を指して使われており、日本企業が内需市場に注力しすぎたために、世界市場の変化に対応できず、競争力を失った事例を説明する時に頻繁に使われる。

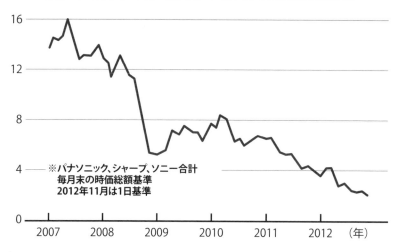

〈図22-1〉「ガラパゴス」現象が頂点に達した2000年代後半の日本の家電大手3社（パナソニック、シャープ、ソニーなど）の売上高

　1990年代以降、日本の携帯電話市場が欧米の通信標準競争で後れを取り、グローバル市場での影響力を失ったことが典型的な例である〈図22-1〉。

　このような「ガラパゴス症候群」は、産業分野にとどまらず、文化的現象においても観察されることがある。
　日本国内市場に依存し、グローバル化に成功しなかった日本のガールズグループもこれに該当するだろう。
　日本の代表的なガールズグループである乃木坂46がその典型例といえる。

22-2. 乃木坂46とBLACKPINKの比較：グローバル市場での差異

　韓国と日本を代表するガールズグループと言えば、韓国のBLACKPINKと日本の乃木坂46が挙げられる。

　両グループとも自国で大きな人気を誇っているが、グローバル市場における地位は大きく異なる。

　BLACKPINKは、東南アジア、アメリカ、ヨーロッパ、南米など、世界中にファンダムを築いているが、乃木坂46は日本国外ではそれほど高い知名度を持っていない。

　数値で比較すると、その差はさらに明らかになる。

　2018年にリリースされたBLACKPINKのアルバム『SQUARE UP』は、世界中で約23万6,000枚を売り上げ、タイトル曲「DDU-DU DDU-DU」のYouTube再生回数は80億回を突破し、世界的な人気を博した。

　それに対して、同じ年にリリースされた乃木坂46の「シンクロニシティ」は日本国内で約130万枚を売り上げたが、YouTube再生回数は2億回にとどまっている。

　このように、日本の国内市場では乃木坂46が優位に立っているものの、グローバル市場ではBLACKPINKが圧倒的な成果を示している〈図22-2〉。

　Googleトレンドでも両グループの検索量の差は明らかである。

| Chapter 22

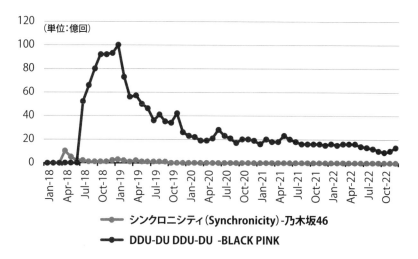

〈図22-2〉BLACKPINK「DDU-DU DDU-DU」と乃木坂46「シンクロニシティ」のYouTube再生回数の推移比較

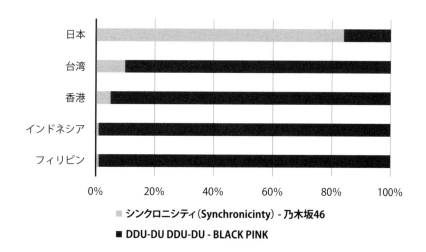

〈図22-3〉乃木坂46の検索量Top5地域内のBLACKPINKとの検索量比較（Googleトレンド2018-2021）Top5内に日本、台湾、香港、インドネシアなどがあるが、日本を除き、BLACKPINKに話題性が劣る。

BLACKPINKは韓国、日本、シンガポール、フランス、アメリカなど約22か国で主に検索され、グローバルなファン層を確保している一方、乃木坂46は日本以外では台湾、香港、インドネシアなどでしか検索量が確認されない〈図22-3〉。

「世界歴代ガールズグループコンサート売上ランキング（List of highest-grossing concert tours by female groups）」によると、BLACKPINKは2022〜2023年の「Born Pink World Tour」で1億4,830万ドルを稼ぎ、歴代1位に輝いている。
　また、BLACKPINKの「In Your Area World Tour」（2018〜2020）も5,675万ドルを稼ぎ、6位にランクインしている。
　2位と3位は、Spice Girlsの「Spice World – 2019 Tour」と「The Return of the Spice Girls Tour」で、それぞれ7,820万ドルと7,101万ドルを稼ぎ出した。
　K-POPガールズグループでは、BLACKPINK以外にもTWICEが「Ready to Be World Tour」で5,420万ドルを稼ぎ、7位にランクインしている。

　一方で、J-POPガールズグループはこのランキングには登場しない。
　BLACKPINKやTWICEの公演は東京や大阪でも多数開催されているが、日本のガールズグループが韓国市場で商業的成功を収めていないことは、はっきりとした対照を示している。

| Chapter 22 |

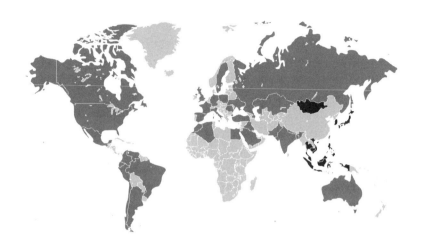

〈図22-4〉BLACKPINK「DDU-DU DDU-DU」のYouTube再生（検索）地域分布（Google 2018-2021）北米、南米、ヨーロッパ、アジア、オーストラリアなど多様な地域に分布。

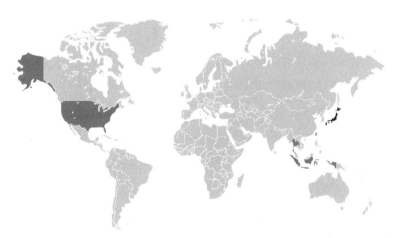

〈図 22-5〉乃木坂46「シンクロニシティ」のYouTube再生（検索）地域分布（Google 2018年〜2021年）
相対的に日本、北米、インドネシアなど一部の国でのみ再生。

22-3. 日本ガールズグループの内需中心戦略： ガラパゴス症候群

　乃木坂46が日本国内で大きな人気を誇る一方、海外市場で成功を収められない理由は、「ガラパゴス症候群」にある。

　日本のガールズグループシステムは長年にわたって内需市場に最適化され、日本のファンのニーズに特化したアイドル文化を築き上げた。

　過去には、AKB48をはじめとする「48グループ」が毎年総選挙を大々的に行うことで知られていた。

　選挙に参加するメンバーは数百人にのぼり、1位から16位までがその年の夏にリリースされるアルバムで活動していた。

　この選挙への日本人の関心は非常に高く、一時期は実際の国政選挙の放送よりも人気があると言われた。

　AKB48や乃木坂46をプロデュースした秋元康は「会いに行ける親しみやすいアイドル」、「ファンが自分の好きなアイドルの成長を近くで見守れる」というコンセプトを掲げた。

「K-POPガールズグループはステージに立つまで完璧に準備する姿勢が高く評価されている。彼女たちは美しく、ファンに最高の商品を提供しようとするエンターテイナーとしてのプロ精神が称賛される。しかし、AKB48などの48グループは韓流と

は異なるアプローチをとっている。彼女たちは未熟で幼いが、成長し毎日進化していく姿を隣で見守れるのが魅力だ。AKB48は完成品ではないが、ファンの関心と応援のもとで毎日変わり続ける。それがAKB48の魅力だ」(『月刊中央』2014年9月号「韓流に負けない日本ガールズグループの独特な世界」)

このように、AKB48やその派生グループは、日本のファンを対象にした徹底的な「現地化」戦略を採り、ファンとの一体感を強調するコンセプトで成功を収めたが、この戦略は日本国内に限定されたものである。

グローバルなファンは彼女たちの成長を近くで見守ることができず、また日本国内の選挙システムに参加できないため、共感を得ることが難しい。

一方、BLACKPINKは初めからグローバル市場を目指して企画・制作されたグループである。

彼女たちの音楽やパフォーマンスは徹底的に国際基準に合わせており、海外のファンにも魅力的に映るビジュアルとコンセプトが整えられている。

また、YouTubeやソーシャルメディアを活用したマーケティングによって、世界中のファンとのコミュニケーションを強化し、英語や韓国語など多言語でコンテンツを提供することで、グローバルなファンが容易にアクセスできる環境を整えている。

22-4. 航海王エンリケと大航海時代

スペインとポルトガルが大航海時代を切り開いた理由は、当時「世界の果て」と考えられていた「ヘラクレスの柱」（ジブラルタル海峡）を越えて船を送り出したからである。

東方との交易を望んでいたが、ヴェネツィア共和国やオスマン帝国に押されて地中海経由での進出は難しかったため、大西洋に目を向けざるを得なかった。

そして新大陸やインドへの航路を発見することで、彼らは世界で最も富強な国家へと成長した。

少女時代やBLACKPINKがAKB48や乃木坂46よりも積極的に海外進出を模索した理由も、国内市場の規模が日本よりもはるかに小さいからである。

専門家によれば、内需市場で成り立つ基準は人口1億人とされているが、韓国の人口はその半分の約5,200万人に過ぎない。

少女時代以外にもKARAやWonder Girlsなどの韓国のガールズグループが積極的に海外進出を図った主な理由もこれにある。

その後、f(x)やTWICEのように、外国人メンバーを積極的に含める手法も登場した。

そして、その結果は前述の通り、ガールズグループの国際市場での規模として確認されている。

さらに、海外市場の開拓は、国内ガールズグループの寿命を
延ばす役割も果たした。

S.E.S.やFin.K.Lは高い人気にもかかわらず、5年を満たすこ
となく解散したが、第2世代ガールズグループの中には7年以
上活動を続けるグループも少なくない。

もちろん、大半は契約期間が7年であることも一因だが、国
内での活動が多少停滞しても海外市場での活動によって補うこ
とができるためではないだろうか。

まさに「危機はチャンス」と言えるように、国内市場の限界
はむしろ彼女たちに翼を与えた逆説となったのだ。

あとがき

本書では、ガールズグループの過去と現在を照らし出し、未来については可能な限りコメントを控えました。

なぜなら、未来は関係者やファンによって形作られるものだと考えたからです。

といいながらも、それにしてもいくつかの考察を挙げると、現在の市場の展望は予想外にやや悲観的です。

その理由は、主要エンターテインメント企業の株価が下降傾向にあるためです。

具体的には、HYBE、SM、JYP、YGなど、主要なビッグ４の株価は2023年の高値から約３分の１にまで落ち込んでいます。

これは驚くべきことではありません。

COVID-19の時代が終われば、K-POPエンターテインメント産業はさらに飛躍すると予測していました。

特に、海外公演が再開されれば、K-POPの人気は上昇すると見ていたからです。

これは誰もが疑う余地のない自然な推測でした。

しかし、結果は少し異なりました。４社の売上は予想ほど伸びなかったのです。

その主な理由は、CDの売上にあたるフィジカル音盤の減少です。

あとがき

　K-POPにおける人気の指標の一つは、初動販売量です。

　これは、アルバム発売後の初週に販売された合計を指します。

　しかし、COVID-19以降、初動を含む全体の販売量は減少し続けています。

　これまでのK-POP業界の販売戦略が限界に達したのかもしれません。

　例えば、アイドルグループのメンバーのフォトカードを無作為に封入し、大量に販売する戦略や、ファンダムの競争心を利用して「私たちの応援する〇〇が負けないように初動アルバムをたくさん購入しよう」という雰囲気を作る手法は、もう通用しなくなっているのです。

　さらに、K-POPアイドルの「創造性」に対する批判の声も少なくありません。

　イギリスの『ガーディアン』などの主要メディアは、K-POPを「工場システム」と呼び、決まった規格に従って同じような商品が大量生産されていると指摘しています。

　もちろん、これには多くの反論があります。

　しかし、実際に多くのK-POPグループが音楽に対する理解もなく事務所に入り、訓練を受け始める点や、軍隊のように集団生活を通じてチームワークを築く点は、「創造性」とは距離があるシステムであることも否定できません。

最も懸念されるのは、政治的正しさ（PC主義）です。

　かつてのアイドルたちと比べて、模範的な行動が過度に強調され、いじめや恋愛問題などが生じればすぐに排除される傾向があります。

　これが芸術にとって良いことかどうかは、芸術家ではない私にはわかりませんが、現在の素晴らしい文化芸術は既存の文化を批判し、進化してきたものであり、その過程における暗い側面に踏み込んだ面を無視してはいけないこともまた事実です。

　結局のところ、芸術という人間の最高の表現が人間性を過度に制限し、制約する場合、その創造性や芸術性、コンテンツとしての魅力が失われるのではないかという懸念があります。

　人間の喜怒哀楽、光と影を捉えた後発者が常に待機しているのです。

　では、K-POPはすでに頂点を過ぎ、下降期に入ったのでしょうか。

　この点についても、軽々しく予測することはできません。

　K-POPが世界市場でこれほど成功するとは予想できなかったからです。

　前述のK-POPに対する懸念がある一方で、K-POPもまた自身の進化・革新の過程を歩んでいることは確かです。

　例えば、K-POPが成功を収めたのは、単に「聴く音楽」では

なく「見る音楽」という新たな世界を創り出したからです。

　K-POPは確実に、耳だけでなく目でも消費される音楽です。

　これは一見矛盾しているかもしれませんが、実際にはそうでした。

　少女時代が初めて日本に進出した際、彼女たちが「Genie（願いを言ってみて）」という曲を歌い、9人のスレンダーな少女たちが完璧に揃ったダンスを披露する姿に多くの日本人が驚かされました。

　日本だけでなく、世界中でK-POPのパフォーマンス、つまりステージ上での演出に熱狂したのです。

　使用人口が少ない「韓国語」という限られた言語で歌われているため、当然のことだったのかもしれません。

　言い換えれば、K-POPのステージパフォーマンスは、言語の壁を乗り越えるための戦略だったのです。

　しかしK-POPは、その後単なる「見る音楽」を超え、楽曲自体でも成功を収めています。

　例えば、NewJeansは「イージーリスニング」、つまり気軽に口ずさめる歌詞とメロディーで世界市場を狙っています。

　アメリカ市場での可能性が認められているFIFTY FIFTYも同様です。

　彼女たちは、従来のK-POPが見せてきた激しく華やかな振

り付けをしなくても、アメリカで大成功を収めています。

　また、世界各地で韓国の企画会社による現地化戦略も進行中で、成功を収めています。
　JYPがプロデュースしたNiziUはK-POPでしょうか、否か。
　最近ではHYBEがアメリカで現地のメンバーで構成された「KATSEYE」というガールズグループをデビューさせました。
　果たして彼女たちはK-POPなのでしょうか、それともアメリカのガールズグループなのでしょうか。

　その答えを今すぐに断言することはできません。
　しかし、日本のアイドルシステムを吸収・発展させて今のK-POPが形成されたように、時間が経つことでK-POPのスタイルを取り入れた他国の新しい音楽が世界市場で注目を集める可能性は十分にあります。
　文化は互いに影響を与え合い、革新を通じて新しい文化を創造するものですから。

　1990年代後半、感受性豊かな青春時代を過ごしながら、ラジオ、テープ、MD、MP3、CDを通じてポップソングを楽しみ、またひそかにJ-POPも楽しんでいました。
　しかし、当時はポップソングを聴くと「少しレベルが高い」と感じ、韓国の歌謡を楽しむことは「レベルが低い」と見られる雰囲気がありました。

| あとがき |

　その時代に、私が憧れていたガールズグループの第１世代であるS.E.S.、Fin.K.L.、Baby V.O.X などのメッセージ性のある歌詞とパフォーマンスは、当時のポップソングやJ-POPと比較しても新鮮で質が高いと感じていました。

　良いマーケティングがあれば、韓国のK-POPも世界的なコンテンツになれるのではないかと、本当に思っていました。

　2000年代初頭には、グラミティ（Grammy-T）というグループがデビューしたことを記憶しています。

　グラミー賞を狙っているという意味でしたが、残念ながらそのグループは夢を叶えられずに１枚のアルバムを残して姿を消しました。

　しかし、当時、そんな時代が訪れるのではないかという想像を抱いていました。

　その後、少女時代やKARAといった第２世代のガールズグループが日本や南米、ヨーロッパなどで人気を博し、K-POPの国際競争力が確認される一方で、第３世代のガールズグループはK-POPを頂点に引き上げました。

　TWICEは日本のオリコンチャートを、BLACKPINKはアメリカのビルボードチャートを制覇し、K-POPを世界の音楽シーンの一角として確固たるものとしました。

　全世界で彼女たちの音楽を聴き、コンサート会場で歓声を上

げる様子を見ながら、韓国人たちはこれまで経験したことのない新たな時代の到来を感じました。

　文化的に変わり者に過ぎなかった韓国が、世界文化の主流の一角となる可能性があるという新鮮さを実感したのです。

　その後、PSYが「江南スタイル」で世界的な人気を博し、BTSがグラミー賞候補に挙がったことで、20年以上前の想い出が蘇りました。

　原作者が『ガールズグループ経済学』を刊行したのは2017年冬でした。

　少女時代のファンとして、デビュー10周年を記念する作業をしてみたいというのが本書の出発点だったといいます。

　当時、K-POPガールズグループは少女時代の全盛期を過ぎ、TWICEが新たな覇王として台頭しようとしていた時期でした。

　BLACKPINKもデビューから2年目に入り、その可能性を示していました。

　K-POPの全盛期を築いた第2世代が下がり、第3世代ガールズグループの時代が幕を開けていたのです。

　現在もNewJeans、IVE、LE SSERAFIM、aespaなどが登場し、第4世代もK-POPの黄金期を継承しています。

　少女隊やSMAP、安全地帯、X JAPANを憧れつつ見ていた韓国が、NewJeansや少女時代、TWICE、IVEを輩出したように、い

| あとがき |

つか日本でもこのような素晴らしいJ-POPガールズグループが
誕生し、韓国ファンを再び熱狂させることを期待しています。

　本書を編集・執筆するにあたり、原作者にコンタクトがとれ、
『ガールズグループ経済学』が現在の女性アイドル中心のデー
タによって更新され、いくつかの編集・修正を経ています。
　面白く充実した一冊になればと考えています。
　日本において新たなジャンルとしてK-POPの過去、現在、
そして未来を見つめることができる一冊となることを願ってい
ます。

　最後に、原作者、データを収集・分析してくれたデータアナ
リスト、表紙デザインを担当してくれた私の妻でもあるデザイ
ナー中倉生乃さん、カクワーク社（出版社）、アルバイトなど
すべての方にお疲れ様であり感謝の気持ちを伝えたいと思いま
す。

2024年12月
編著者　ウォーレン・キム

■編著者

ウォーレン・キム
Warren Kim

慶應義塾大学法学部を卒業後、米インディアナ州立大学ロースクールを修了し、スイススクールオブマネジメント（SSM）で行動経済学の博士号を取得。これまで商社、外資コンサルティング、外資メーカーを経て、現在は大手IT企業で事業、経営企画を担当しながら、合同会社Warren Consultingの代表としても活動している。

■原著者

ユ・ソンウン
You Seong Un

韓国高麗大学校文科大学韓国史学科卒業、同大学大学院生命科学部気候環境学科修了。韓国大手新聞社である東亜日報、中央日報の文化部、政治部を経験。現在、韓国中央日報社政治部記者。著書に『Girlgroupの経済学』（2017年）、『リスタート韓国史図鑑』（2020年）、『大韓民国の不動産富の歴史』（2022年）などがあり、韓国訳書として『安倍晋三回顧録』（2024年）がある。

「ビッグデータ」と「経済理論」でガールズグループを解明！
K-POP経済学

2025年3月27日　初版発行	
編著者	ウォーレン・キム
原著者	ユ・ソンウン
発行人	福永成秀
発行所	株式会社カクワークス社
	〒150-0031 東京都渋谷区桜丘町23番17号シティコート桜丘408
	電話　03(5428)8468　ファクス　050(6883)7963
	ホームページ　http://kakuworks.com
カバーデザイン	中倉生乃
データ	キム・ジョンミン（VAIV）
DTP	スタジオエビスケ
印刷所	シナノパブリッシングプレス

落丁・乱丁はお取替えいたします。但し、古書店で購入されたものについてはお取替えできません。本書の全部または一部を無断で複写複製（コピー）することは著作権法上での例外を除き禁じられています。定価はカバーに表示してあります。

©Warren Kim 2025 Printed in Japan
ISBN978-4-907424-44-2